Jetzt, wo ich schon mal nicht tot bin

Silvana Koch-Mehrin
Uli Hauser

Jetzt, wo ich schon mal nicht tot bin

Ein Plädoyer für einen offenen Umgang mit unseren Ängsten

Inhaltsverzeichnis

Wirf deine Angst
in die Luft

Bald
ist deine Zeit um
bald
wächst der Himmel
unter dem Gras
fallen deine Träume
ins Nirgends

Noch
duftet die Nelke
singt die Drossel
noch darfst du lieben
Worte verschenken
noch bist du da

Sei was du bist
Gib was du hast

Rose Ausländer

Vorwort

Ehrlich gesagt: Ich hatte Angst vor diesem Buch. Vor der Begegnung mit meinen Gefühlen und meinem Schmerz, vor der Erinnerung an das, was vermeintlich überwunden und vergessen wurde. Es würde auch wehtun, wenn Menschen dächten, ich nehme mich zu wichtig.

Andererseits: klappt das mit dem Vergessen natürlich nicht, der Körper merkt sich alles. Und jede Nachricht von einem Menschen, der krank wird, erinnert mich an meine eigene Angst.

Die Angst ist immer da, jeden Tag.

Angst versetzt uns in Panik, Angst wird zum Zustand. Die Angst vor dem Tod lässt uns das Leben fürchten.

Unser Dasein ist fragwürdig geworden in diesen Tagen. So, wie wir denken. So, wie wir arbeiten. So, wie wir miteinander umgehen. Der Krieg in der Ukraine, der Krieg gegen die Natur, der Kampf um Lebensmittel: Die Krise ist nicht Ausnahme, sondern Regel.

Was gerade geschieht, verändert unsere Haltung zur Welt. Wir werden nicht mehr weitermachen können wie bisher.

Wir haben Angst. Vor dem, was ist. Und vor dem, was kommt.

Ich habe mehr Ahnung von Angst, als mir lieb ist. Angst ist ein großes Thema in meinem Leben. Viel verloren, ein Kind, eine Brust, eine Karriere. Viel gewonnen: Die Angst hat mich freier gemacht.

Ich habe gelernt, dass Leben und Leiden zusammengehören. Und ich habe gelernt, wie gut es tut, seine Angst zu teilen. Sich mitzuteilen.

Deshalb dieses Buch. Wir haben es gemeinsam geschrieben, Uli Hauser und ich. Wir haben geredet über das, was uns bewegt. Gedanken getauscht. Und wir glauben, dass unsere Angst die Angst von vielen ist. Wir sind nicht allein damit.

Wir müssen reden. Raus mit der Sprache: in einem Land, in dem sich so viele Menschen so einsam fühlen. In einem Land, in dem so viele Menschen nicht mehr bei sich sind. In einem Land, in dem alles perfekt sein soll. In einem Land, in dem das Leben es bisher sehr gut mit uns meinte. Und Frieden ein Geschenk der Geschichte war.

Es gibt viele Gründe, Angst zu haben. Und auch viele, sich nicht zu fürchten. Leben heißt Leiden. Sorgen, die uns umtreiben, bringen aber auch Bewegung. Die Auseinandersetzung mit Angst kann Aufbruch bedeuten. Aktion.

Wir wünschen uns, dass wir gemeinsam zu Akteuren werden. Aufhören, nur zu beobachten oder zu bewerten.

Denn die wirklich großen Probleme, die da sind und noch auf uns zukommen werden, verlangen unsere größte Konzentration. Die Klimakrise und die Verbreitung der Viren. Die Sorge um Geld und Gesundheit. Davor, keine gemeinsame Sprache mehr zu finden. Dass uns mehr trennt, als uns eint.

Wir brauchen eine Kraftanstrengung, Lösungen zu finden. Lasst uns unsere Ängste richtig verstehen, damit wir nicht das Falsche tun.

Während wir schreiben, wuseln in der Küche viele Leute. Kinder aus der Ukraine. Ihre Eltern haben sie geschickt, sie sind bei uns in Sicherheit. Nastia, Ivan und Andreii, 16, 15, 14 Jahre alt. Sie kamen mit einem Rucksack und einer großen Salami im Gepäck. Ihre großen Brüder durften nicht raus.

Ich habe ihre Mutter angerufen und gesagt, ihre Kinder sind gut angekommen. Es war mein erster Videocall in einen Bunker. Das Bild geht mir nicht mehr aus dem Kopf.

Dieses Buch ist eine Entdeckungsreise, eine Expedition in die Angst. Wir wollen diese Reise mit Dir und Ihnen und Euch teilen und herausfinden, wie wir einen Umgang finden mit der Angst. Was wir tun und was wir lieber lassen sollten. Und wie wir es schaffen, Angst zu einem Ratgeber zu machen. Und uns nicht von ihr beherrschen zu lassen.

Es ist am Ende die Angst vor dem Tod, die uns das Leben fürchten lässt.

Eines Tages werden wir sterben müssen. Aber alle anderen Tage nicht.

Befund

Da ist was, sagte der Arzt.

Jedes Jahr im Juli ging ich zur Vorsorge, jedes Jahr im Juli ging es gut. Der Gynäkologe hatte meine Brust abgetastet, vorsichtig und mit dem Wissen langer Berufsjahre. Es fühlt sich gut an, sagte er, keine Knoten, alles fein. Machen Sie es gut, wir sehen uns im nächsten Jahr wieder, au revoir.

Ich war beruhigt, großartig, schon wieder gesund. Mit 48 Jahren macht man sich ja schon Gedanken. Danach wartete noch die Mammografie, in Belgien gehört dieses Früherkennungsprogramm zur Vorsorge. Wunder der Technik: Deine Brust wird durchleuchtet, diesmal untersucht dich eine Maschine.

Auch Maschinen können Menschen lesen, es ist nur nicht angenehm. Mammografie ist ätzend, ein einziges Quetschen, deine Brust wird zusammengedrückt und die Röntgenplatten sind kalt. Haben Sie Schmerzen, fragte die Radiologin. Nein, keine, sagte ich, es geht mir gut. Es war wichtig, hier zu sein, aber dieses Brust-auf-Platte-Pressen ist nicht angenehm. Das Gerät machte zwei Aufnahmen, von oben nach unten und von außen nach innen, Sie können sich wieder anziehen, danke.

Ich war bester Laune, die Vorsorge abgehakt. So eine Untersuchung ist nicht schön, sagte ich zu meiner Tochter, aber bitte verpasse später keine, das musst du auch mal machen. Ich hatte ihr versprochen, ein Eis essen zu gehen, sobald ich zurück war vom Arzt.

Brüssel meldete Hochdruck, das Wetter war ein Traum. Flirrend heiße Luft, wie ich das liebe. Sommerleicht, das Leben. Wir setzten uns ins Auto und fuhren lachend in die Stadt. Plötzlich ein Anruf. Mein Handy brummte. Der Arzt. Da ist was, sagte er. Wir haben da was gesehen. Eine Veränderung im Gewebe, wir können sie nicht zuordnen, wir brauchen noch eine Aufnahme. Wir erwarten Sie, bis gleich.

Er sagte das ganz ruhig. Es ist sein Job, einen Schrecken gelassen anzusprechen. Wir müssen noch mal kurz zum Doktor, sagte ich, kleiner Umweg, dauert nicht lange.

Ich sagte es beiläufig, unaufgeregt. So unaufgeregt, wie es mir möglich war. Einen solchen Moment wollte ich nie erleben, ausgerechnet im Beisein meiner Tochter. Wir sagen uns viel, aber ich sage nicht alles. Sie soll ein unbeschwertes Leben haben, mein Job ist es, dafür zu sorgen. Ich hatte schon viele schwierige Situationen gemeistert, ohne dass meine Kinder Wind davon bekamen. In ihnen war Gewissheit, dass ihre Eltern das Leben im Griff haben. Wir haben ein schönes Leben.

Du warst doch gerade erst dort, sagte meine Tochter. Sie blickte verwundert. Ist was? Nein, sagte ich. Ich suchte nach diesem Griff, für mein Leben. Und krallte mich am Steuer fest. Nein, Schatz, Ärzte haben immer noch Fragen, das kann passieren, ich soll da noch was angeben, ich musste noch einen Zettel ausfüllen, da habe ich wohl was vergessen. Ich weiß nicht mehr genau, was ich sagte, ich sagte, was mir gerade einfiel. Was Ruhe brachte in meine Aufregung. Bleib im Auto sitzen, es dauert nicht lange, ich bin gleich zurück. Meine Tochter nickte.

Nur wenige Ärzte in Brüssel praktizieren in eigenen Räumen. Sie mieten sich in größere Zentren ein, in grauem Weiß gestrichen und alles andere als persönlich gehalten. Keine persönlichen Bilder an den Wänden, von Familie oder Freunden, funktionale Leere. Das einzige Grün ist die Farbe des Fußbodens. So sieht es auch in Gewerbegebieten aus. An der Rezeption keine Sprechstundenhilfe, mit der man vielleicht sogar noch ein bisschen plaudern kann, sondern eine Mitarbeiterin für die Hausordnung. Hier Krebs, da Geburt. Mammografie war im Keller. Gut, dass Sie so schnell zurück sind, sagte der Arzt. *Double check*, eine reine Vorsichtsmaßnahme, nur zu Ihrer Sicherheit. Ich stellte mich noch einmal vor das Gerät, mein Körper wurde justiert, Brust raus. Bitte noch ein wenig nach rechts, vielleicht ein bisschen schräger, ja, danke, das reicht, und jetzt bitte nicht bewegen. Lassen Sie den Arm hängen.

Die Prozedur ist schmerzhaft. Wer denkt sich solche Maschinen aus? Kein Mann muss ein solches Prozedere über sich ergehen lassen, dachte ich, wenn es um die jährliche Prostata-Vorsorge geht. Legen Sie mal das Gemächt auf diese Platte, das sagt kein Arzt. Noch hatte ich Kapazität für solche Gedanken.

Bitte nicht atmen, danke, das war es.

Als ich wieder durfte, atmete ich tief durch. Einmal richtig tief Luft holen und raus damit. Ich dachte an meine Tochter, hoffentlich kommt sie nicht rein und fragt nach mir. Nein, du hast ihr ein gutes Gefühl gegeben, hörte ich mich denken, das kannst du doch, Situationen überspielen, es wäre nicht die Erste gewesen in deinem Leben.

Es war sehr vernünftig, hier zu sein, das hast du gut gemacht, stell dir vor, du hättest diesen Termin verlegt, prima. Ich rede mir gern gut zu, einer muss es ja machen. Ich bin eine Freundin neurolinguistischer Programmierung. Ich glaube an die Macht positiver Gedanken; wenn es kalt ist, sage ich mir so lang, es ist nicht kalt, dass mir warm wird. Ich habe einen Freund, der sich bei jedem Telefonat mit dem Satz meldet, na, was hast du Schönes auf dem Herzen. Das klingt doch gleich ganz anders, zugewandt und optimistisch. Statt ständig Plage und Klage.

Silvana, bleib ruhig. Ich würde gleich in der Sonne einen Cappuccino trinken, mit ein wenig Schaum darauf, nicht zu viel. Vielleicht noch einen Keks dazu, was habe ich für ein Glück.

Kurz danach waren die neuen Bilder beim Gynäkologen, es ging schnell. Technik ist toll. Der Arzt schaute mich ernst an. Da scheint etwas nicht in Ordnung zu sein, sagte er. Sehen Sie, sein Finger berührte das Röntgenbild, diese weißen Punkte, das sind Mikroverkalkungen. Sie können, sie müssen aber nicht Krebs bedeuten. Wir sollten eine Biopsie machen, wir brauchen eine Gewebeprobe.

Es war genau das, was ich nicht hören wollte. Biopsie. Die macht man nicht einfach so. Biopsie, das bedeutet nichts Gutes. Nicht mehr nur Maschine, sondern Eingriff. Ich sollte etwas abgeben, Körper rausrücken, einen Teil von mir. Gewebeprobe, wie sich das anhört.

Es kostete mich große Mühe, Fassung zu bewahren. Draußen meine Tochter, drinnen der Tod. Ich habe also Krebs, jetzt auch ich. Ich kannte viele Frauen, die erkrankt waren.

Ich war aufgewühlt. Ich wankte zurück, nein, ich ging entschlossen. Bevor ich den Maschinenraum verließ, nahm ich Haltung an. Ich hatte ein Geheimnis, ein Geheimnis sollte man für sich behalten.

Man kann am Gang eines Menschen erkennen, wie er sich fühlt und in welcher Verfassung er ist. Ich nahm mir vor, nicht gehetzt zu wirken, betont lässig. Das Auto stand vor der Tür, ich lächelte meine Tochter an. Sie schaute skeptisch: Ist was, Mama? Es war was, ich schwieg. Nein, sagte ich, alles gut. Ich kenne keinen, der nicht alles gut sagt, wenn er gefragt wird, wonach auch immer. Vielleicht war ja auch alles gut.

Ich hatte nur noch etwas abholen müssen, Schatz. War ja nicht mal gelogen, auf eine Art. Papiere, sagte ich, ich weiß nicht mehr genau, was ich gesagt habe. Ich habe gesagt, was mir in diesem Moment aus dem Kopf purzelte. Ich wollte nicht beunruhigen, ich wollte Zeit gewinnen, ich wollte der Angst keinen Vorsprung geben. Ich musste mich sortieren. Gewebe, das aussieht wie ein Klumpen, das kann ja mal passieren, was weiß ich, in so einem Körper ist ja immer etwas los. Ich war gesund, was sonst?

Du guckst so komisch, sagte meine Tochter. Nein, alles gut, sagte ich.

Wir gingen Eis essen. Meine Tochter liebt Vanilleeis, gern mit Spekulatius darin. Bei uns in Brüssel ist Spekulatius ein Grundnahrungsmittel. Nationalkeks. Spekulatius gibt es länger als dieses Land, die Leute machen ein großes Theater darum. Sie brauen sogar Bier damit. Meine Tochter bestellte zwei Kugeln. Ich mag kein Eis. Das ist mir zu kalt. Ich trinke lieber Kaffee, ich habe es gern warm. Lecker, Mama, sagte meine Tochter. Ich sah sie versonnen an, sagt man das noch, versonnen? All meine Liebe legte ich in diesen Blick. Ich würde es ihr nicht lange verheimlichen können.

In meinem Kopf war Wahnsinn. Ich würde es allein nicht schaffen, ich brauchte Hilfe. Wenn man müde ist, kann man sich hinlegen, wenn man Hunger hat, was essen. Aber wenn da was ist in deinem Körper, das nur eine unsichtbare Macht sichtbar macht: Dann wird es unheimlich.

Ich wollte Tränen vermeiden, nicht hier, nicht vor meiner Tochter, starke Mutter, starkes Kind. Unwirklich, alles. Vielleicht war der Krebs auch schon viel weiter, dachte ich. Moment, du hast keinen Krebs, mach dich nicht verrückt, das war eine Untersuchung, es gilt die Unschuldsvermutung. Das Ergebnis kommt noch. Und ist es nicht so, dass sich auffällige Befunde auch als unbegründet herausstellen können?

Die Kugel war größer als sonst, das Eis schmolz in der Sonne. Meine Tochter war damit beschäftigt, nicht zu kleckern. Sie wollte ihr buntes Sommerkleid nicht schmutzig machen. Sie löffelte andächtig, anmutig fast; verweile doch, du bist so schön. Ich staunte, dass sich die langen Haare meiner Tochter nicht im Eis verfingen.

Ich kenne Eltern, da müssen sich die Kinder einen Zopf binden, wenn sie Eis essen.

Meine Tochter lächelte selig. Eis. Mama, darf ich noch ein Eis, wie ich diese Frage früher liebte. Jetzt war sie schon so groß und würde bald studieren. *When Irish eyes are smiling*, dachte ich, es gibt da so ein Lied. Ihr Vater kommt aus Irland. James ist die Liebe meines Lebens.

Hoffentlich ist dieser Brustkrebs nicht vererbbar, dachte ich. Hatte ich Brustkrebs gedacht? Bitte, beherrsch dich. Toll hier, oder? Meine Tochter nickte. Ich genoss den Moment, ich dehnte ihn aus, ich wollte gar nicht mehr weg. Mama, wollen wir weiter? Ach, lass uns noch ein bisschen bleiben, sagte ich. Es klang so wie: Ach, lass mich noch ein bisschen leben.

Später meinte meine Tochter, sie habe gespürt, dass etwas nicht in Ordnung sei. Aber sie wollte mich nicht beunruhigen.

Blumen in Brüssel

Über Angst zu denken, über Angst zu schreiben: Es ist genau, was man nicht will. Ich würde lieber von Büchern erzählen, die ich gelesen habe, über Filme, über spannende Ideen, darüber, wie man es sich schön macht zu Hause. Oder über Hunde, ich liebe Hunde. Ich könnte mich den ganzen Tag mit Hunden beschäftigen, Welpen, so süß.

Was ich auch gut finde, ist, Menschen zu beobachten. Auf dem Markt. Wir haben in Brüssel viel Markt. Ältere Paare vor einem Blumenstand, wunderbar. Der Mann sagt, wir nehmen rote Tulpen, die Frau sagt, Nein, lieber die gelben. Oder? Entschuldigung, warten Sie, lieber die dahinten, was meinst du, Schatz? Die Leute hinter dem Stand müssen viel Geduld haben, aber die ist eingepreist.

Manche Paare halten Händchen und kommen mit Körben aus Bast. Die warten darauf, gefüllt zu werden mit guten Gaben. Ist der Einkauf beendet, wird noch einmal geschaut, ob etwas vergessen wurde. Vergessen? Ja, die Narzissen, sie haben die Narzissen übersehen. Die sind heute besonders schön, sagt der Verkäufer, er beherrscht das Spiel. Madame, sehr gern, sonst noch was, brauchen Sie Papier?

Blumen brauchen vor allem einen guten Platz. Und eine große Vase, sie müssen sich entfalten können. Vielleicht noch ein bisschen Schleierkraut dazu, Monsieur? Der schaut seine Frau an, ja, wenn du meinst. So geht es eine ganze Weile, es ist ein Hin und Her, ach, lieber die, ach, lieber nicht.

Ich fühle mich auf unserem Markt zu Hause. Mein Hund bekommt hier Möhren, er liebt Möhren. Flopsy kann so süß gucken.

Wenn ich dann meinen Einkauf im Wohnzimmer drapiert habe, freue ich mich schon auf das nächste Wochenende. Auf neue Blumen und die alten Leute. Und denke, eines Tages, wenn ich alt bin, stehe ich da auch mit James und halte Händchen.

Vielleicht werde ich aber auch gar nicht alt.

James

Ich sagte es meinem Mann, er sagte nichts. James sagt gern einmal nichts, es gibt nicht immer was zu sagen. Ich kenne ihn seit über zwanzig Jahren. James ist Rechtsanwalt, aber das ist nur sein Beruf. James hat schon viel in seinem Leben probiert. Früher spielte er Rugby, heute fährt er Fahrrad. Ich hatte ihn eines Morgens kennengelernt, um halb sieben am Bahnhof. Wir waren Praktikanten bei der EU-Kommission und auf dem Weg von Brüssel nach Straßburg. James sah ein bisschen mitgenommen aus, er hatte kaum geschlafen. War eine prima Nacht gewesen mit seinen Freunden. Iren können feiern, und wie.

James stand in der Küche, als ich es ihm sagte. Er machte sich einen Tee, Barry's Golden Blend, seinen irischen Spezialtee.

Die Iren sind angeblich Weltmeister im Teetrinken. Ich muss zur Biopsie, sagte ich, es kann Krebs sein. Ich sagte es so unaufgeregt wie möglich, Aufregung mögen wir beide nicht.

James nahm den Teebeutel aus der Tasse und klatschte ihn in die Spüle. Er macht das immer. Ich würde ihm das gern abgewöhnen, ich finde das eklig. Ich mache daraus aber kein Drama, ich räume einfach hinter ihm her. Das ist schon fast ein Ritual, unser Leben hat eine gewisse Ordnung. Wenn man sich so lang kennt, darf man sich ruhig auch mal an was gewöhnen. James nahm einen Schluck aus seiner Tasse. Ich bin sicher, er war längst vorbereitet.

Komm, sagte er, gehen wir rüber. Wir setzten uns an den langen Tisch. Wir haben einen sehr schönen langen Tisch; wenn James nicht mit dem Rad unterwegs ist, sitzt er am liebsten dort. Der Tisch und er gehören zusammen, das ist eine Einheit. Die Sonne blinzelte ins Wohnzimmer, die Kinder waren aus dem Haus.

Absurd, jetzt an Tod zu denken. James sah mich an. So wie immer, den Kopf leicht zur Seite gebeugt. Das ist seine Angewohnheit, leichte Schräge. So als wolle er ein wenig mehr Abstand gewinnen, aus noch größerer Entfernung eine noch bessere Sicht haben. Ich liebe diesen Blick. Er war mal Türsteher, damit hat er sich sein Jurastudium finanziert. James kann auch gut gucken. Er schaut genau hin. Entweder kommst du rein, oder eben nicht. Waren die Jungs am Tresen betrunken und zu nichts mehr zu gebrauchen, hielten sich die Mädels an James. Er hatte nach der Schicht Zeit für sie.

Hast du Angst, fragte er mich. Ja, sagte ich.

Mit Angst leben lernen

Angst. Was macht sie mit dir, was macht sie mit mir? In diesen Zeiten, in diesen Tagen? Es ist Krieg in Europa, es ist Krieg in der Welt und nicht mal mehr fünf Minuten vor Weltuntergang. Das ist die Stimmung, derzeit. Endzeitstimmung. Corona war, Corona ist, nach der Krise ist vor der Krise. Wir sollten Vorräte anlegen, für alle Fälle, sagen Politiker.

Es wird einem schwindlig, wenn man die Nachrichten verfolgt. Wenn man sie überhaupt noch lesen will. Ein Alarm folgt dem nächsten, die einen winken ab, die anderen geraten in Panik. Unser Nachbar beendete letztens eine Party mit ein paar Böllern auf der Straße. Man lachte. Unsere Gäste aus der Ukraine zuckten zusammen, die Einschläge kommen näher, dachten sie. Wir mussten sie beruhigen, keine Angst, da haben nur welche gefeiert.

Wir Menschen haben es schon weit gebracht. Wir sind eine ziemliche Erfolgsgeschichte. Und ziemlich verwöhnt hierzulande. Wenn wir Wasser brauchen, drehen wir den Hahn auf. Anderswo sind Leute dafür Stunden zu Fuß unterwegs. Haben wir Hunger, tippen wir eine Bestellung ins Handy, und dann bringt einer was vorbei.

Aber Angst haben wir trotzdem. Die kann man nicht einfach wegdrücken wie einen Anruf, den man nicht entgegennehmen will. Angst gehört zum Leben. Ohne Angst wären wir nicht mehr am Leben. Im Laufe unserer Geschichte haben wir gelernt, dass Angst uns vor Gefahren schützt. Angst lenkt unsere

Aufmerksamkeit darauf, was uns nicht guttut. Es versteht sich von selbst, dass man sich dann nicht die schönsten Gedanken macht.

Angst ist das unangenehmste Gefühl von allen. Die Menschen vor uns haben versucht, dieses Gefühl zu beschreiben. Das indogermanische »anghu« bedeutet so viel wie »sich bedrängt fühlen«. Die alten Griechen sagten »agchein«, würgen, drosseln. So ist Angst, sie schnürt dir die Kehle zu.

Let's do the biopsy, sagte James. *Let's take it step by step.* Einen Schritt nach dem anderen.

Furcht und Angst

Ein Freund meinte, ach, ihr schreibt über Angst? Ihr wisst schon, sagte er, dass es einen Unterschied gibt zwischen Furcht und Angst? Also Angst, sagte er, die gibt es so gar nicht. Das ist nur eine Vorstellung. Angst ist in der Zukunft. Du denkst, dann und dann wird was passieren. Aber was du eigentlich hast, das ist Furcht. Wenn du vor einem Hund stehst und der fletscht die Zähne oder bellt so komisch, dann fürchtest du dich. Mit Angst hat das erst mal nichts zu tun. Du denkst voraus, dass dieser Hund dir ins Bein beißt. Dies ist eine Möglichkeit, die berechnest du in deine Reaktion ein. Du fürchtest, jetzt angefallen zu werden, aber hast Angst, vielleicht verletzt zu werden. So ist das, sagte er. Der Mann ist Lehrer, er kann gut erklären.

Für mich macht es keinen Unterschied, ob ich mich fürchte oder Angst habe. Du hast keine Angst vor dem Hund, du fürchtest dich. Schon verstanden. Es ist schön, in einem Land zu leben, das genug Gelegenheiten bietet, über so etwas nachzudenken. Ivan sagt, bei euch fallen keine Bomben, darf ich länger bleiben?

Biopsie

Angst ist auch Geschäft. Ein Makler meinte mal, Angst läuft sehr gut. Angst bringt gutes Geld. Er verkauft Versicherungen. Das Versprechen, sich vor Gefahren schützen zu können. Leben Sie, wir kümmern uns um den Rest. So in etwa. Wir checken den Markt, sagte der Mann, und dann bieten wir ein Produkt. Ich würde sofort eine Versicherung abschließen gegen Brustkrebs. Und eine Zusatzversicherung gegen die Klimakrise. Und, wenn noch Geld übrig ist, auch noch eine gegen Dummheit und Gewalt. Gibt es aber leider nicht, solche Versicherungen.

Die Frau an der Rezeption im Krankenhaus sagte, ich solle mich setzen, man werde mich aufrufen. Das Wartezimmer war voll, bange Erwartung. Die einen versanken in ihrem Handy, die anderen schauten stumm. Ich fragte mich, was die wohl haben. Glücklich sah keiner aus.

Ich sagte mir, gut, hier zu sein. Komm, vergiss es, es ist nicht gut, hier zu sein. Besser wären jetzt Pommes auf dem Markt oder Eis essen mit meinen Kindern, alles besser als das hier.

Ich saß da und behielt mich für mich. Ich hätte die anderen Patienten fragen können: Haben Sie auch Brustkrebs? Das macht man nicht. Warum eigentlich nicht?

Endlich war ich an der Reihe. Bitte machen Sie sich frei, sagte der Arzt. Nichts lieber als das, dachte ich.

Ich hatte mich vorher erkundigt, was passieren würde, ich war gefasst. Das hier war was zwischen uns, zwischen mir und dem Arzt. Er war da, mir zu helfen. Er war da, mich zu retten. Er würde herausfinden, was in meinem Körper vagabundierte. In meinem Körper, ich habe ihn so lieb.

Neurolinguistische Programmierung ist eine Methode, dein Denken zu steuern. Man kann es versuchen. Denkst du die ganze Zeit schlecht von der Welt, ist die Welt auch schlecht. Macht mein Hund mal wieder auf den Teppich, sage ich nicht, du blöder Hund, sondern: Ich liebe ihn. Ist ja auch Quatsch, anders zu denken, ich habe mir ja den Hund angeschafft und nicht der mich. Wenn die Stimmung zu kippen droht, rufe ich mich zur Ordnung.

Ich werde jetzt diese Nadel in die Haut einführen und eine Probe entnehmen, sagte der Arzt. Seine Assistentin brachte einen Kopfhörer und sagte, ich könne wählen zwischen Möwen am Meer oder Vögeln im Wald. Also nicht richtig, Geräusche von denen. Ist ja erwiesen, dass Natur hilft. In Kanada, habe ich gelesen, verschreiben die Ärzte neuerdings frische Luft, die bekommst du dort auf Rezept. Die Patienten müssen Wald und Wiese einnehmen, zweimal die Woche, mindestens zwanzig Minuten am Stück. Und raus. Die Ärzte schicken sie zum Spazieren ins Grüne. Die Kassen rechnen das ab. Wald senkt den Blutdruck und reduziert den Stress. Ich wäre jetzt auch gern in Kanada, dachte ich.

Nein danke, sagte ich, ich brauche keine Geräusche. Mir reichte eine kleine Betäubung, es war mir alles zu viel.

Ich hatte eine gute Zeit gehabt in den Wochen davor. Wenn du dir vorstellst, eines Tages tot zu sein, und wenn dir vorher auch noch gesagt wird, woran du sterben könntest, lebt es sich intensiver. Das Leben hatte eine Ordnung. Der Tag ging abends schlafen. Und wachte morgens auf. Im Osten die Sonne. Im Westen der Mond. Sterne am Himmel, schau mal James, wie schön. Dachte ich bislang, der Vorhang im Wohnzimmer könnte auch mal neu, erwog ich nun eine Liebeserklärung. Was für ein prima Vorhang, dachte ich, das war eine wirklich gute Idee, dass wir dich damals gekauft haben, bleib mal schön da hängen. Morgens schmierte ich den Kindern Brote für die Schule, mittags kam die Müllabfuhr.

Schübe von Dankbarkeit, für alles, was ich bisher machen durfte, für mein Leben, meine Familie, meine Eltern. Mit 17 Jahren war ich das erste Mal allein los, nach Afrika, dorthin, wo meine Eltern eine Zeit lang gelebt hatten. Meine Mutter als Lehrerin, mein Vater bei der deutschen Botschaft. Über Moskau und Angola flog ich in die sambische Hauptstadt Lusaka. Ich wollte das Land erkunden und die Victoriafälle sehen, so nah wie möglich.

Ich war Wochen dort, einen Sommer lang. Ich fuhr in Sammeltaxis und übte Geduld. Stunden vergingen, bis es endlich losging. Buntes Treiben: Frauen mit Körben auf dem Kopf und Babys um den Bauch. Kinder verkauften Wasser in kleinen Tüten. Abends schüttelte ich Staub aus dem Haar, feinen roten Staub. Schotterpiste rechts, Schotterpiste links. Am Straßenrand Leute mit Beilen, sie hackten Fleisch. Dahinter Hütten.

Frauen stampften Maniok. Die Männer kauten Süßholz. Ich setzte mich zu ihnen, sie luden mich zum Essen ein, und wir teilten Reis.

In der Hauptstadt tanzte ich die Nächte durch. Die Männer guckten, die Frauen guckten, irgendwann fiel ich müde ins Bett. Dann schüttelte es mich. Mir war kalt, ich fror. Die Glieder schmerzten, Bauchkrämpfe. Hohes Fieber.

Du meine Güte, hörte ich eine Frau reden, ich sah ihre Umrisse über mir. Ich wohnte bei Freunden meiner Eltern, ich lag in einem Zimmer mit einer grünen Wand, und die Wand kam auf mich zu. Ich stammelte und stöhnte, da hinten, seht ihr, da ist was, warum seht ihr das nicht. Stunden ging das so. Bis irgendwann jemand Tabletten aufgetrieben hatte und ein Arzt da war mit schwarzer Brille. Komisch, dachte ich, der kann dich doch gar nicht erkennen, du bist doch gar nicht mehr da, was soll das? Plötzlich stand mein Vater im Zimmer. Was macht der denn jetzt hier, Papa, bist du das? Deiner Tochter geht es sehr elend, hatten die Freunde gesagt, die Leute sterben hier wie die Fliegen, komm schnell. Er setzte sich in den nächsten Flieger.

Papa holt mich, dachte ich, aber ich bin doch tot. Er kommt zu spät. Wie schade. Ich sterbe, Papa. Nein, sagte er, du lebst. Später sagte er, du hast richtig Glück gehabt. Schwerste Malaria.

Seitdem denke ich immer, was kann mir schon noch groß passieren. Von nun an verglich ich alles Schlechte mit diesem Erlebnis. Schlimmer kann es nicht mehr kommen. Mit 17 hat man noch Träume.

Der Arzt nahm die Spritze mit der hauchdünnen Nadel und setzte an. Einmal, zweimal, dreimal. Ungewöhnliche Zellveränderungen können viele Gründe haben, sagte er, wir wollen ausschließen. Die Untersuchung dient Ihrer Sicherheit, wir brauchen eine genaue Diagnose. Als es endlich vorbei war, gab er mir Anweisung. Den Arm bitte in den nächsten zwei Tagen nicht bewegen und an dieser Stelle die nächsten sieben Tage kein Wasser, ich gebe Ihnen ein Pflaster mit. Sie können jetzt nichts tun, außer zu warten, wir melden uns, sobald das Ergebnis da ist.

Das erste Ergebnis war ein hässliches Hämatom.

Ich empfehle jedem dringend, zur Vorsorge zu gehen. Je früher ein Krebs erkannt wird, umso höher die Chance, dass er keine Chance hat. Ich bin da ganz pragmatisch. Die Biopsie war wie eine Bestandsaufnahme, mal gucken. Im besten Fall, sagte ich mir, wird mein Leben so weitergehen wie bisher. Ich füllte noch einen Fragebogen aus, mit der Krankheitsgeschichte meiner Familie, da war mal was, war aber nicht weiter wichtig. Ich dachte an meine Kinder, soll ich ihnen was sagen, lieber nicht, sie würden noch mehr Angst haben als ich, erst mal das Ergebnis abwarten.

Ich überlegte, was ich noch tun könnte, so zwischendurch. Ich mag es, einfach zu tun, was mir einfällt. Wir haben es nicht weit nach Paris. Da bin ich gern mal mit Freundinnen, ein Wochenende. Schauen, was es Neues gibt im Centre Pompidou oder im Kunstgewerbemuseum, Arts décoratifs, sehr zu empfehlen.

Ich bin gern in Museen. Nicht in denen mit Bildern von nackten Frauen. Paris, eigentlich jedes Museum, ist voll davon. Das regt mich auf. Jahrhundertelange Unterdrückung, zur Schau gestellt, Bauch, Beine, Po. Müssen Frauen immer nackt sein, damit man sie sich anguckt? Dieses ganze Macho-Zeug nervt. Wenn ich die Bilder sehe von nackten Frauen, denke ich daran, dass Frauen die meiste Zeit in der Geschichte immer nur Objekte waren. Das schwache Geschlecht. Puh. Frauen sind nicht schwach. Frauen sind stark.

Ich beschäftige mich auch gern mit zeitgenössischer Kunst. Kleiner Tipp: die Sammlung Pinault im alten Getreidespeicher der Stadt. Ein Traum aus Metall und Glas, inspirierend und unterhaltsam, Kunst auf vielen Etagen. Ein Schatz zwischen Louvre und Les Halles. Immer wieder spannend zu sehen, wie Künstler Zeitgeist einfangen. Sich ein Bild machen, Ausdruck verleihen. Den Menschen eine Vorstellung geben, wie man die Welt auch sehen kann. Aus welcher Perspektive.

Mich begeistert die Kunst von Tadao Andō. Das ist ein japanischer Architekt. Er wollte Berufsboxer werden, wurde aber Baumeister. Tadao Andō verdiente sein Geld erst mit Kampf, dann mit Kunst. Ist manchmal dasselbe. Er wollte gesund bleiben, bekam aber Krebs. In einem Interview sagte er mal, ich habe keine Organe mehr, sie haben alles herausgenommen. Und dann stand da, er habe gelacht bei diesem Satz.

Andōs Werke sind Metaphern fürs Leben. So wie man selbst lange braucht, zu sich zu finden und in sich zu wohnen, erschließt sich seine Architektur nur auf sich windenden Wegen. Irgendwann steht man dann plötzlich in einem großen Raum. Und ist in der Mitte angekommen.

Mich spricht das sehr an, ich finde Mitte großartig, Mitteleuropa, mitten im Leben. Ich bin keine, die in Extremen denkt. Ich bin liberal. Eine freie Liberale. Und jetzt vielleicht eine freie Radikale, ich versuchte einen Witz mit Krebs. Wenn so ein Künstler über Kranksein lacht, kann ich das auch.

Ich mag, wie Andō wortlos Sprache formt. Andō gibt Gestalt, Dualismus alles, das eine nicht ohne das andere. Wo Licht, da

Schatten. Wo oben, da auch unten. *What goes up, must come down.* Seine Kunst ist steingewordene Meditation.

Zu einem Parisbesuch gehört ein Salade niçoise. Allein aus Nostalgie. Der Franzose würde sagen: eine Salade, da ist er pingelig. Das Rezept für den Niçoise stand in unserem Französischbuch in der Schule, in einem großen grünen Buch. Thunfisch, Eier, Zwiebeln, Tomaten, Artischocken, da bin ich mir aber nicht mehr so sicher, und Kapern, Oliven nach Belieben, garniert mit Croûtons, und wir hatten den Salat. Das Rezept ist hundert Jahre alt, irgendwann mal erfunden von einem guten Koch, der dachte, Sonnenlicht ins Essen zaubern zu können. So wie diesen Salat stellten sich die Leute in Paris das Essen der Leute in Nizza vor. Ihr Leben am Meer mit Sonne satt.

Meine Vorstellung war, es wird richtig schlimm. Mein Arm war schon blau.

Freiheit

Ich war mal Politikerin. Einige erinnern sich vielleicht. Der eine so, der andere so. Jetzt leite ich eine Stiftung, die Frauen in aller Welt miteinander verbindet. Frauen in Führungspositionen, Frauen, die etwas zu sagen haben.

Ich will machen, ich will, dass sich was tut. Mich abfinden, das kann ich schlecht. Deshalb ging ich in die Politik. Ich mag die Idee, dass wir Menschen frei sind. Sich seiner eigenen

Freiheit bewusst zu werden, ist eine Riesensache. Freiheit auszuhalten, eine Herausforderung.

Liberal also. So kam ich mit zwanzig Jahren zur FDP. Nicht lange nach meinem Eintritt in die Partei wurde ich in den Bundesvorstand der Jungen Liberalen gewählt, das ist der Jugendverband der FDP. Einer von uns, Guido Westerwelle, machte später Karriere. Erst Parteichef, dann Außenminister. Er starb viel zu früh. An Krebs.

Meine Vorbilder waren Frauen wie Hildegard Hamm-Brücher, die große alte Dame des Liberalismus, wie man schon damals sagte. Und Männer wie Ralf Dahrendorf, ein eleganter Denker, er beschrieb die großen Linien. Ich habe ihn mal in Oxford getroffen, und er hat aus seinem Leben erzählt. Er sagte: Eigensinn. Bleiben Sie in Bewegung und gierig auf das Neue. Und bewahren Sie Haltung. Fand ich gut. Sein Vater kämpfte als Sozialdemokrat gegen die Nazis, dafür musste er büßen. Sieben Jahre Gefängnis. Der junge Dahrendorf wurde mit 15 Jahren von der Gestapo verhaftet. Nach dem missglückten Attentat auf Hitler. Er hatte Glück, die Beamten meinten, er sei zu jung für eine härtere Bestrafung. Nach dem Krieg half Dahrendorf bei der Verteilung von Lebensmitteln. Er wurde Zeuge, als die Rote Armee Berlin übernahm. Eingesperrt zu sein, blieb Zeit seines Lebens die größte Angst.

Freiheit ist ein großes Wort für mich. Sie beginnt, wo Angst endet. Das schreibt sich so gelassen hin, aber es stimmt. Wenn du keine Angst mehr hast und dich nichts und niemand daran hindert, das zu tun, was wichtig ist, von dem du spürst, dass es richtig ist, aus tiefstem Herzen und innerem Erleben: Dann bist du frei.

Einmal protestierten wir Jungliberale mit zehn Leuten am Tegernsee gegen den Staatsbesuch des damaligen chinesischen Ministerpräsidenten Li Peng, dem Tyrann aus Peking. Der deutsche Wirtschaftsminister hatte ihn nach Bayern eingeladen, schauen Sie, wie schön wir es hier haben, lassen Sie uns ins Geschäft kommen. Der Wirtschaftsminister war einer von uns, FDP. Er machte, was alle Wirtschaftsminister versuchen. Wirtschaft ankurbeln, Arbeitsplätze sichern. Wir stellten dem Besucher Pappe in den Weg. Wir hatten eine Freiheitsstatue gebastelt, supersimpel schwarz-weiß ausgestanzt, als Erinnerung an die »Lady Liberty«, das Symbol der chinesischen Demokratiebewegung. Tausende Menschen starben 1989 beim Tian'anmen-Massaker, das seinen Ausgang nahm auf dem Platz des Himmlischen Friedens. Zehntausende Soldaten rückten mit Panzern und Truppentransportern vor und feuerten auf unbewaffnete Menschen. Li Peng hatte das Massaker organisiert. Die Parteipropaganda feierte »revolutionären Geist, seinen erhabenen moralischen Charakter und seinen feinen Stil«.[1]

Li Peng brach sein Sightseeing-Programm ab. Gestrichen vom Programm, Putten und Denkmäler, Seen und Schlösser. Unser Parteifreund war auch sauer, musste das sein? Ja, wie, sagten wir, steht doch im Programm, Verantwortung und Freiheit und so. Wir zahlten fünfhundert Euro Strafe für eine »nicht angemeldete öffentliche Versammlung«.

Unsere Regierung wollte Wandel durch Handel. Man dachte, die Dinge mit Geld regeln zu können. Man meinte, wenn man nur gut genug erklärte, wie lebendig das ist, so eine Demokratie, würden die anderen uns das nachmachen.

In Wahrheit haben wir uns abhängig gemacht, von Despoten, auch aus Bequemlichkeit. Wir wollten nicht so genau wissen, was da los ist. Wir rechneten uns aus, wie viel Wohlstand es uns kostet, wenn wir zu genau hinschauen. Denn davor haben wir Angst. Die Angst, dass die Verhältnisse schlechter werden. Aber diese Angst kann ja gut sein. Diese Angst lässt erkennen, was ist. Was einem wirklich wichtig ist. Und dann hat man eine Orientierung und kennt die Richtung. Und kann Schritte machen, in die richtige Richtung.

Angst toppt Angst

Wir sind groß geworden mit der Aussicht auf bessere Zeiten. Wir fühlten uns wohl. Hatten uns gemütlich eingerichtet. Die großen Konflikte waren woanders, die Katastrophen auch. Nie wieder Krieg, das war unser Versprechen. Kann man sagen, kann man sich wünschen, kann man auf Plakate malen, diesen Satz: Nur halten sich andere nicht daran.

Meine Krankheit hat mich kapieren lassen, dass nichts auf der Welt selbstverständlich ist und wir und ich uns doch mehr vormachen, als wir zu glauben meinen.

Wir sind in einer Epoche des Übergangs; die alten Gewissheiten sind dahin und neue noch nicht in Sicht. Die Leute sortieren sich, die Welt sortiert sich. Das Gefühl, dass vieles nicht in Ordnung ist, vergessen und übergangen, noch nicht gesehen oder absichtlich nicht gesehen: Dies wird mehr und mehr Menschen klar. Die Antworten von früher stimmen nicht mehr, und jetzt ist es an der Zeit, neue Fragen zu stellen. Wie wollen wir leben? Wer wollen wir sein? Ist es gut so, wie wir sind?

Bisher haben wir uns über den Kommerz definiert; werden wir uns bald über den Schmerz bestimmen? Was auszuhalten sind wir in der Lage? Welche Furcht bekommt welche Priorität? Was müssen wir als Erstes regeln, was ist wichtig, in welcher Reihenfolge? Was sollten wir jetzt und sofort für wahr haben und nicht kleinreden und keinen Aufschub dulden wie ein Arzt, der da gerade etwas entdeckt hat in dir, etwas, das nicht dahin gehört. Dem Himmel, dem lieben Gott, dem Universum, was weiß ich, sei Dank, dass ich diese Sätze schreiben kann, in meiner Küche, an unserem Tisch, von unterwegs, ins Telefon gesprochen und in einen Computer getippt. Wir arbeiten gemeinsam an einem Dokument, ich kann sehen, wie sich zwischen Brüssel und Hamburg, da wohnt Uli, Buchstaben formen. Sätze bilden, in Echtzeit, was für ein Wunder. Früher rannten Menschen durch die Wälder, Botschaften zu überbringen, sie schickten Pferde los und Kutschen und verlegten irgendwann Kabel durch das Meer, sich miteinander zu verbinden. Heute wird das alles von ganz oben geregelt, in der Wolke.

Es ist ein Privileg, so arbeiten zu dürfen, es ist eine Freude, dass mir und uns Menschen vertrauen in der Hoffnung, vielleicht etwas Interessantes aufzuschreiben, eine, meine, unsere Geschichte, die eines Menschen, der viel unterwegs ist und andere Menschen trifft und sich einen Reim zu machen versucht auf die Verhältnisse. Eines Menschen, der versucht, sich nicht abstumpfen zu lassen vom Wahnsinn dieser Welt, der nicht gleichgültig sein will und gelangweilt vom Leben und sich in Verdrängung flüchtet und Verleugnung. Man könnte auch verzweifeln und sarkastisch werden oder zynisch; ich will das nicht, wir wollen das nicht.

Augen auf und durch: Liebe Welt, wir haben Krise. Aber Krise war immer. Und wird immer sein. Man kann auch die Augen verschließen, dann ist dunkel. Ich aber will ins Helle, ins Licht, ich möchte die Dinge beleuchten, von allen Seiten. Um dann entscheiden zu können, was wann wie schnell zu tun ist. Und nicht beleidigt sein, dass sie mich jetzt auch erwischt, die Krise.

Andere haben sie längst, sie müssen auch damit leben. Das Gefühl von Unsicherheit, das Gefühl der Bedrohung, die Gefahr, durch ein Virus von gesund in krank verwandelt zu werden, ist für Milliarden Menschen seit viel zu vielen Jahren Alltag: Nur haben wir uns hierzulande einigermaßen wenig dafür interessiert, welche Krisen und Katastrophen die Menschen in anderen Teilen der Welt zu meistern haben. Wir haben den Müll getrennt und flogen easy. Aber easy ist nicht mehr. Und noch können wir uns aussuchen, welcher Krise wir unsere Aufmerksamkeit als Erstes widmen wollen.

Die Welt ist wieder in Unordnung, sie war auch nie anders, doch jetzt staunen wir Verwöhnten und wünschen uns die Probleme der letzten Jahrzehnte zurück. Seit vielen Jahren werden die Deutschen und nicht nur die nach ihren Ängsten gefragt. Die Angst vor Steuererhöhungen war, langfristig gesehen, bisher immer die größte. Wie auch die Furcht vor steigenden Lebenshaltungskosten, vor Schulden, vor der Überforderung des Staates durch den Zuzug von Flüchtlingen, vor

Schadstoffen in Lebensmitteln und der Furcht, im Alter ein Pflegefall zu werden. Jetzt haben viele Angst, dass der Krieg nach Deutschland zurückkommt. Und sich zu einem Weltkrieg weitet.

Wir leben in aufgeregter Zeit, das Smartphone macht, dass wir keine Sekunde mehr nichts zu tun haben. Wir wissen sofort, wo wann was los ist. Wer mit wem was hat. Wir tragen die Welt in der Handtasche. Wenn wir wollen, bekommen wir so ziemlich alles mit. Was wir früher einem Menschen anvertrauten, können wir heute innerhalb von Sekunden mit Tausenden teilen. Das Dumme ist nur: Wir bekommen mehr mit, als wir verarbeiten können. Und beschäftigen uns mit zu vielen Dingen, die nicht die unseren sind.

Der Ukraine-Krieg ist nicht der erste Krieg in Europa seit 1945, aber es ist der erste Krieg, dessen Bildmacht uns nahezu in Echtzeit erschüttert. Es gibt Leute, die sagen, diese sei wie eine kollektive Nahtoderfahrung.

Vor diesem Krieg aber war der Krieg in Georgien, vorher war er auf der Krim, vorher war er auf dem Balkan. Krieg ist immer noch in Syrien, im Jemen, im Sudan, im Kongo. Vom Krieg gegen die Natur nicht zu sprechen, vom Krieg um Rohstoffe, vom Krieg um Ernährung. Wo Menschen sind, sind sie böse, wo Menschen sind, sind sie gut. Und beides zugleich. Erich Fromm hat mal gesagt: »Glaubt man an seine ausschließliche Gutheit, so wird man unausweichlich die Tatsachen in einem rosigen Licht sehen und schließlich bitter enttäuscht sein. Glaubt man das andere Extrem, so wird man als Zyniker enden und für die vielen Möglichkeiten zum Guten in sich und anderen blind werden.«

Und so bekommt Angst ein neues Ranking. Bombe toppt Brustkrebs. Brustkrebs toppt Corona, Corona toppt Vogelgrippe. Angst ist immer. Und die Angst vor Haien größer als die Angst vor Mücken. Obwohl Mücken am Ende mehr Menschen töten.

Die Klimakrise toppt alles. Sie ist wie ein Atomkrieg in Zeitlupe. Das sagen Militärs, sie kennen sich aus mit Vernichtung. Aus Angst, im Winter zu frieren, kaufen wir Gas aus Ländern, deren Führer wir verachten. Wie billig.

Corona

Eine Angst, die wir alle durchlebten, war und ist die Angst vor einem Virus. Diese Angst lähmte unser Land, es gab nur noch dieses Thema. Wir wissen nicht, wie es weitergeht, ob und wann wieder ein neues Virus unser Leben durcheinanderbringt. So sehr mich dieses Thema nervt und nervte, so richtig ist doch dies: Beeindruckend, wie die Welt, die ganze Welt, sich vereinte in der gemeinsamen Furcht vor einem Virus. Ob verfeindet oder nicht, die Menschheit hatte und hat einen gemeinsamen Gegner. Ein unsichtbares Protein, das in unsere Zellen eindringt und Verwirrung stiftet.

Großartig, wie der größte Teil unserer Gesellschaft anfangs dieser Zumutung begegnete. Zugewandt und empathisch, Krankenpfleger waren die neuen Helden, alles wurde getan, das Virus zu bekämpfen. Die schlausten Leute waren am Start, die meisten Gelder, schnellste Maßnahmen, undenkbar eigentlich, in seltener Abstimmung rasch umgesetzt. Alles, um Menschen zu schützen, die Kranken, die Schwachen. Ein großartiger Solidarpakt, eine gemeinsame Anstrengung, innerhalb weniger Monate Impfstoffe. Wir organisierten unser Leben neu, wir genehmigten uns großartige Erfahrungen. Technik machte, dass Menschen sich treffen konnten, ohne Hände zu schütteln. Konferenzen auf Bildschirme zurechtgestutzt. Eine grandiose Logistik, der Aufbau von Impfzentren, Teststationen, Versorgungsketten.

Und ein Wort, weltweit verstanden: Covid. Was hätten die Menschen im Mittelalter dafür gegeben, hätten sie die Pest mit mehr als Quacksalbern und Hokuspokus behandeln können.

Covid hat gezeigt, was Angst möglich macht. Es gibt aber leider so viele andere Themen, denen wir nicht so entschlossen begegnen. Wo wir in der Mobilisierung versagen, zögern, zaudern, ausweichen. Während in Deutschland Tausende mit Covid sterben, sterben Zehntausende an Krebs, jedes Jahr eine Viertelmillion Menschen. Es ist ebenfalls eine unvorstellbar hohe Zahl, aber wir haben uns daran gewöhnt. Das Erschrecken ist nicht so groß, wir sagen Schicksal, wenn es passiert. Es gibt keinen Gedenktag für jene, die an Krebs sterben. Oder an Malaria.

Kein Beifall auf Balkonen für Pfleger in der Onkologie. Keine täglichen Updates und Statistiken, in welchem Landkreis, in welcher Stadt, in welchem Dorf Menschen an Krebs erkranken. Und ob womöglich Betten fehlen auf der Intensivstation. Wir nahmen vielmehr in Kauf, dass noch mehr Menschen an Krebs sterben, weil sie nicht zum Arzt kamen, aus Angst, sich in einem

Krankenhaus zu infizieren. Oder nicht zur Vorsorge gingen, aus Angst, das Virus sei längst vor ihnen da. Bei allem Lob für die rasche Reaktion bei Covid: Wir sollten auch anerkennen, welche neuen Probleme daraus folgen. Die Schließung der Schulen machte mehr Kinder und Jugendliche depressiv, sie verpassten Leben, konnten ihre Freunde nicht sehen oder wurden von der Polizei verfolgt, trafen sie sich im Freien.

Häusliche Gewalt hat im Lockdown ein unvorstellbares Ausmaß erreicht. Die Vorstellung, mit einem Gewalttäter gemeinsam eingesperrt zu sein, kein Entkommen, es bringt mich um den Schlaf. Wir haben so hart um Persönlichkeitsrechte gekämpft; in der Pandemie gaben wir sie preis.

Da gingen Maß und Mitte verloren, und wir werden darüber reden müssen, wie wir mit den Folgen umgehen. Mich wunderte auch, mit welcher Härte Befürworter und Gegner von Maßnahmen aufeinander eindroschen, ohne Bemühen, einander zu begreifen oder sich verstehen zu wollen.

Corona wird nicht mehr verschwinden. Wenn wir Glück haben, wird es vielleicht irgendwann eine Infektion sein, vergleichbar mit der Grippe.

Natürlich wollen wir, dass unser Leben wieder so sein wird wie vorher. Aber wollen wir das wirklich? Leben wie vorher? Ist diese Zäsur nicht auch eine Chance, manches anders zu machen? Wollen wir wieder die Alten sein, oder wollen wir Neues wagen? Wollen wir nicht endlich anerkennen, dass wir Angst haben, wollen wir nicht endlich die Angst benennen, sie akzeptieren, sie integrieren? Corona hat gezeigt, was möglich ist, wenn wir unsere Angst in Aktion wandeln und sehr genau hinschauen, sehr genau überlegen, vorschlagen und verwerfen, die besten Leute fragen und dann Entscheidungen treffen. Ich hatte auch Corona, zweimal, einmal vor, einmal nach den Impfstoffen. Es war wie eine leichte Grippe, ich hatte Glück.

Ich erlaube mir als »Cancer survivor«, als Überlebende, mal eine Überlegung, die manche vielleicht aufregen wird, geht ja schnell. Diese wahnsinnige Angst vor Corona war und ist auch Folge einer unfassbaren Hybris. Unser Leben ist so organisiert und perfektioniert, dass wir uns gar nicht mehr zumuten wollen, krank zu sein oder gebrechlich oder verletzlich. So wie wir den Tod aus unserem Leben verbannt haben, ausgelagert, Outsourcing, ertragen wir nicht, wenn die Realität mit unserer Vorstellung kollidiert.

Meine Angst hat mich entschiedener gemacht. Ich schreibe diesen Satz und fühle, er hört sich gut an. Und denke gleichzeitig, stimmt das überhaupt? Worte können betrügen und lügen, dich emporheben und begeistern. Aber es sind nicht Worte, die mich in ein neues Leben führten. Es waren meine Erfahrungen in der Auseinandersetzung mit dem Unausweichlichen. Dem Unangenehmen. Mit dem Schwanken und Wanken und dem Mut und der Wut.

All das hat was mit mir getan; und so oft ich dachte, jetzt geht es dem Ende entgegen, war ich schon einen Schritt weiter. Und staunte über einen neuen Anfang.

Gruppencall

Ich rief meine Brüder an, hört mal, ich muss mit euch reden. Sie sind Zwillinge, da macht man einen Gruppencall. Sie feiern ihren Geburtstag gemeinsam, sie sehen ähnlich aus, sie sehen sich, so oft es ihnen möglich ist. Der eine ist der Trauzeuge vom anderen und natürlich auch Patenonkel der Kinder. Meine Brüder sind drei Jahre jünger. Ich konnte schon Schleife, als sie sich noch auf dem Dreirad feierten. Wollten sie Eindruck schinden, holten sie mich. Schaut mal, unsere große Schwester kann schon Schuhe binden. Der eine ist Architekt geworden, der andere macht in Informationstechnik. Wir fahren mindestens einmal im Jahr zusammen in den Urlaub und feiern gemeinsam Weihnachten. Nicht an Heiligabend, vorher, das ist leichter zu organisieren, weil wir alle so viel Familie haben. Allein James hat 27 Cousins und Cousinen ersten Grades. Bei uns brennt der Baum schon am ersten Advent.

Jungs, so fing ich an, ich habe vielleicht Krebs. Kurze Pause, Schweigen. Dann der eine, der fünf Minuten Jüngere, schon immer schneller mit dem Reden: Oh, Mann, Silvana, Scheiiiiße. Er dehnte das Wort und zog es in die Länge. Es klang vertraut, so in etwa wie: Was ist denn jetzt schon wieder los? Wie früher, als ich mal eine Beule in das Auto unserer Eltern gefahren hatte. Scheiiiiße.

Der andere atmete tief aus. Als Älterer trägt man mehr Verantwortung. Beide wissen so ziemlich alles von mir und können es ungefähr einordnen. Ja, das kann gefährlich werden, sagte ich, muss es aber nicht. Es wird untersucht, dann vielleicht operiert, dann vielleicht. Nein, bitte nicht, sagten sie. Doch, sagte ich, vielleicht auch Chemotherapie. Davon hatten wir alle schon Schlimmes gehört. Wir sprachen bestimmt eine Stunde. Ich fragte, wie es ihnen geht, wirklich geht, und sie sagten, so und so. Aber jetzt kümmern wir uns erst einmal um dich, Schwesterherz. Ich legte auf und war erleichtert.

Wir gründeten eine WhatsApp-Gruppe und behielten es für uns. Du willst in einem solchen Moment mit der Krankheit nicht hausieren gehen. Du erträgst nicht, wenn andere auch was dazu sagen wollen. Da und da soll ein richtig guter Arzt sein, ich schicke dir ein Buch, mir hat das geholfen. Oh, nein, du Arme, das hast du nicht verdient. Irgendwer raunte was von getrocknetem mongolischen Schilfgras, was echt Tolles. Gäbe es auch als Paste zum Auftragen. Direkt auf die tumoröse Stelle. Du bist ja plötzlich nicht nur vielleicht und bald tot, sondern musst dich auch noch um die anderen kümmern. Dass sie nicht von dir enttäuscht sind, wenn du die Katastrophe erst einmal nur für dich einordnen und begreifen möchtest und nicht hören willst, hey, ich bin doch deine Freundin, du kannst mir alles sagen, ich bin aber traurig, wenn du mir nicht alles erzählst.

Evolution

Ich bin keine Evolutionsbiologin. Aber ich versuche immer wieder, mir in knappen Sätzen das große Ganze klarzumachen. Ist doch unvorstellbar, vier Milliarden Jahre Entwicklung. Manchmal, im Wald, setze ich mich an einen kleinen Teich und beobachte Libellen. Daraus wurden irgendwann Hubschrauber, denke ich; so genau stimmt das nicht, aber die raffinierte Flugtechnik der Libellen wurde zum Vorbild für ein Fluggerät, das eine Zeit lang rotierend der Schwerkraft trotzt. Hubschrauber. So verschafft man sich einen Überblick.

Die Natur macht Sachen, davon träumen wir nur. Und wir Menschen sind auch so ein Wunder der Natur. Wir hoffen, wir vertrauen, wir wägen ab. Jede neue Erfahrung, jeder Versuch, alles Sehnen, Hoffen, Scheitern: abgespeichert in uns, in jeder Faser unseres Körpers, auf dem langen Weg des Lebens aus dem Meer in die Steppe, aus der Höhle in den Wald und dann zu Fuß weiter. Wir sind ein wandelndes Museum der Menschheitsgeschichte, Milliarden von Nervenzellen haben sich gemerkt, was war. Im Laufe der Zeit wurden so Erinnerung und Erfahrung weitergegeben. Milliarden Jahre liegen zwischen den ersten Lebewesen, zwischen Bakterien und Homo sapiens. Und immer ging es darum, zurechtzukommen mit den Verhältnissen. Um zu überleben.

Der italienische Bewusstseinsforscher António Damásio erklärt das Werden in der Welt mit drei Begriffen:[2] Sein, Fühlen und Wissen. Nach dem Sein das Fühlen, nach dem Fühlen das

Wissen. Wissen in dem Sinn, einmal gemachte Erfahrungen einordnen zu können. Die ersten Lebewesen waren einfach nur da, Einzeller ohne Nerven, Algen, Bakterien, Pilze. Tiere folgten, mal mehr, mal weniger schlau, aber eben in der Lage zu fühlen. Die ersten Nervenzellen, vor fünfhundert Millionen Jahren; dann Fische, Pflanzen, Säugetiere. Angst lehrte den Umgang mit Gefahr. Durch Angriff, durch Flucht, durch: Hoffentlich sieht mich niemand, ich ziehe mich mal besser zurück, ich verstecke mich, Schockstarre. Der Einfallsreichtum der Evolution führte bei den ersten Wirbeltieren zu einer entscheidenden Entwicklung: Das Gehirn produzierte Signalstoffe, und diese mobilisieren bei Gefahr die letzten Reserven des Körpers.

Jeder neue Stress wurde so zum Treiber für weitere Entwicklungsschritte bis zum Homo sapiens. Dem wurde sein Sein plötzlich bewusst, ihm wurden Dinge klar, er begann zu denken. Immer feiner wurde die Welt.

Die neun Monate einer Schwangerschaft sind wie ein Zeitraffer: Erst Einzeller, haben wir für kurze Zeit Kiemen wie ein Fisch und Schwimmhäute zwischen Fingern und Zehen. Nach sieben Wochen unterscheidet uns wenig von einem kleinen Äffchen. Und das Fruchtwasser im Bauch der Mutter hat den gleichen Salzgehalt wie das Wasser im Ozean. In uns ist Meer. Ein ozeanisches Gefühl.

Wir lernten zu lernen und zu vergessen, zu unterscheiden und zu bewerten. Dies wurde möglich, weil sich im Lauf der Zeit die Stresshormone veränderten, ich hoffe, wir geben das richtig wieder, es ist sehr kompliziert, aber zumindest ich verstehe das so. Hormone halfen, alle Kräfte des Körpers in höchster Not zu mobilisieren. Irgendwann wurde das Gehirn zur Schaltzentrale, und es war uns möglich, Angst zu analysieren. War das Geräusch da hinten im Gebüsch eher ein Wiegen im Wind? Oder ein wildes Tier? Kann ich bleiben? Oder muss ich gehen? Lauert Gefahr im dunklen Wald? Oder ist es nur die Erinnerung und Erlebnis der Ahnen, festgehalten und abgespeichert, weil sie dort irgendwann mal mit einem Raubtier fertigwerden mussten?

Wir haben uns also gemerkt, was sein könnte. Was möglich wäre. Die Angst, die wir spüren, ist abhängig von den Erfahrungen, die wir machen und die andere vor uns gemacht haben. Unsere über Jahrtausende erworbene Fähigkeit, uns vorzustellen, was alles passieren könnte, kollidiert aber auch mit unserer Unfähigkeit, diese Angst irgendwie unter Kontrolle zu bekommen. In Milliarden von Jahren kommt viel Angst zusammen; die eine von der anderen zu unterscheiden, ist eine große Aufgabe. Das haben wir auch gelernt im Laufe der Zeit, aber so richtig gut sind wir noch nicht darin. Uns passiert immer wieder, dass wir die Lage falsch einschätzen, das hat wiederum mit der Entwicklung unseres Gehirns zu tun; dies nun genauer zu erklären können andere besser.

Seine Angst zu erkennen, seine Ängste zu kennen, ist eine komplexe Aufgabe. Eine unangenehme, ich weiß. Angst ist aber keine Laune, sondern ein Geschenk der Natur. Angst bietet Schutz, sie fordert unsere ganze Aufmerksamkeit. Achtung, sei vorsichtig. Pass auf, bleibe achtsam.

In nicht mal Bruchteilen von Sekunden rechnet unser Kopf, was alles passieren könnte, rechnet mit dem Schlimmsten. Oft aber passiert gar nichts: dann ist es nur unsere Vorstellung von den Dingen, die uns Angst einjagt, die uns oft mehr Angst haben lässt, als da wirklich eine Gefahr droht. Weil wir Menschen so phantasiebegabt sind und weil Angst uns das Überleben gelehrt hat, hat Angst eben auch so eine große Bedeutung, ob wir wollen oder nicht.

Die entscheidende Frage ist dann: Welche Angst sollten wir wirklich ernst nehmen, und welche Angst können wir, ich sage es mal so, ausräumen und vergessen machen. Was können wir tun, wo können wir eingreifen? So einfach ist das aber nicht in diesen Tagen: Ein Mitarbeiter von mir fürchtet einen Atomkrieg. Deshalb kommt er gerade zu nichts. Er leidet unter Panikattacken.

Ich weiß, was Panik ist. Ich kenne das. Panikattacke, schrecklich. Es hilft vielleicht ein wenig, darüber etwas zu wissen; weniger werden sie dadurch nicht. Ich habe sie kaum unter Kontrolle, so sehr ich es mir auch wünsche. Da ist auch diese Angst vor der Angst; dass es einem eigentlich nicht schlecht geht, aber du einen Bammel davor hast, dass es wieder losgeht.

Zum Beispiel, dass der Krebs zurückkehrt. Obwohl die Ärzte sagen, bei Ihnen ist alles in Ordnung. Aber es könnte ja sein. Merke ich das, versuche ich, im Quadrat zu atmen. So wird das genannt. Das hat mir mal jemand erklärt: Du atmest ein und zählst bis drei, du atmest aus und zählst bis drei. Du machst das die ganze Zeit und nur das. Du denkst an nichts anderes mehr, du kannst gar nicht anders, als die Aufmerksamkeit auf deinen Atem zu lenken. Eine vermeintlich einfache Übung, ziemlich effektiv, aber wahnsinnig schwer, sich dahin zu bekommen in einem solchen Moment. Ich habe so geschafft, die Dauer einer Panikattacke von anfangs sehr lange, es kommt einem ja immer sehr lange vor, auf weniger lang zu verkürzen. Indem ich mich beobachte, indem ich meine Gedanken verfolge und in mich hinein spüre. Man weiß doch von sich viel mehr, als man sich glauben macht; deshalb ist Stille von Zeit zu Zeit so gut. Stille ist so wichtig wie Essen und Trinken. Still werden und still sein und rausgehen, für ein paar Minuten, und wenn Zeit ist, für ein, zwei Stunden spazieren gehen, in den Wald. Bäume gucken und Blätter und das Staunen wieder lernen, dass alles ein Teil von dir ist, Ewigkeiten her, aber immer noch da, mit jedem Tag neu, mit gestern und heute und morgen. Und du bist mittendrin und darfst immer mittun: Dieser Gedanke tröstet ungemein. Viele Menschen haben Panikattacken, nicht viele sind dafür in Behandlung. Es ist ein schwieriger Schritt, sich seine Angst aus der Distanz anzuschauen und sie anzuerkennen. Und sich Hilfe zu erfragen.

Ich habe auch gelernt, Angst auseinanderzunehmen, in Einzelteile zu zerlegen, sie mir genau anzuschauen, sie zu sortieren und ihr eine Rolle zu geben. Ich sage nicht mehr: Du hast in meinem Leben nichts zu suchen. Sondern: Erzähl mir mal, was du mir sagen willst. Was ich von dir lernen kann, was ich tun sollte. Angst, worum geht's?

Komm, bitte, setz dich zu mir. Aber bleib nicht so lang: Auch schön, wenn du endlich wieder gehst.

Sich zu tun machen

Wir haben noch ein bisschen Zeit, sagte der Arzt. Wir brauchen ein paar Tage, bis das Ergebnis da ist. Das passte mir gut, ich hatte Termine.

Mit Terminen bin ich auf sicherem Terrain. Listen abarbeiten, Prioritäten setzen, Kalender vollpacken. Auch gern für die nächsten 18 Monate. Das kenne ich so von mir. Sich zu tun machen. Das sagte meine Oma immer. Sie sagte das, wenn das Leben anstrengend wurde. Man sich mit etwas beschäftigen musste, aber nicht wollte. Mit unangenehmen Gedanken. Sie schob diese weg. Bloß kein Leerlauf. Nur keine Ruhe. Sie stürzte sich dann in Arbeit. Und schnippelte den nächsten Linseneintopf.

Ich mache mir zu tun, indem ich Termine mache. Wenn die nicht mehr sind, mache ich Linseneintopf. Ich bin abends gern auch noch allein in der Küche. Die Kinder räumen den Tisch ab, ich mache den Rest. Ich bin da sehr großzügig, natürlich könnten sie mehr tun, aber ich liebe das Ritual, für Ordnung zu sorgen. Ein jedes an seinen Platz. Teebeutel, zum Beispiel. Im Aufräumen bin ich gut. Wenn du einmal damit anfängst, hat meine Oma immer gesagt, hörst du gar nicht mehr damit auf.

Es kam mir sehr entgegen, dass gleich nach der Biopsie Termine waren. Dies und das. Noch brachte die mögliche Diagnose keine weitere Verwirrung in mein Leben. Ich hielt mich. Es ist nur eine Vorstellung, sagte ich mir, dass da was sein könnte. Furcht also, ich fürchtete mich. Für Krankheit war in meinem Kalender kein Zeitfenster vorgesehen. Ich glaube, damals sagte ich noch Zeitfenster, ich mag das Wort nicht mehr, die Zeit hat keine Fenster.

Ich wollte in die USA. Eine von langer Hand vorbereitete Reise. Sehr wichtig für die Arbeit unserer Stiftung. Ich verabschiedete mich auch von Flopsy. Hör zu, sagte ich, es wird nicht so schlimm, es wird alles gut. Sie wedelte freundlich mit ihrem Schwanz. Und schaute mich wehmütig an. Die anderen sind ja auch noch da, sagte ich. Sie kümmern sich um dich. Ich bin überzeugt, Flopsy hat das gut verstanden.

Ich hätte die Reise absagen können, ich hätte sagen können, mir ist etwas dazwischengekommen, ich war bei der Vorsorge, und wir müssen was checken. Jeder hätte Verständnis gehabt, aber ich wollte das nicht. Ich hatte mich entschlossen, unbeeindruckt zu sein.

Es heißt, man soll sich mit seiner Angst konfrontieren. Das ist gar nicht so einfach. Das dauert. Da muss man ganz schön ringen. Dieses Ringen aber setzt einen Prozess in Gang. Niemand kann uns nehmen, um was wir ringen müssen. Alles muss man selbst machen, dachte ich.

Aber jetzt wurde ich geflogen. Ich schwebte über den Wolken. Die Welt war wie Watte. Und mein Leben zog an mir vorbei, bitte anschnallen.

Rape Culture

Politik war für mich eher ein Hobby gewesen. Ehrenamt. Junge Liberale, das klang gut. Guido Westerwelle war da auch mal Chef. Er fing früh an, mit 14. Guido war ein Stratege, er kannte jeden Kniff und vor allem die Geschäftsordnung. Das ist die halbe Miete, sagte er. Aber noch besser konnte er reden, er konnte reden wie kein anderer. Beeindruckend, wie er mit Worten jonglierte.

Ich höre gern Menschen zu, die sich wohlfühlen mit Worten. Die versuchen, Dinge so zu beschreiben, dass man auch eine Stimmung begreift. Ein Gefühl, ein Erleben. Gute Literatur kann das. »Wirf deine Angst in die Luft«: Ich mag das Gedicht von Rose Ausländer. Auch sie probierte, Heimat zu finden in Worten. Einen Halt. Die Nationalsozialisten versuchten, sie zu vernichten, und nicht nur die; beeindruckend ihre Widerstandskraft, ihr Aufbäumen gegen Terror und Hass. Ich kann jedem nur empfehlen, sich mit ihrem Leben zu beschäftigen, dreitausend Gedichte hat Rose Ausländer geschrieben; ich gehöre meinen Worten, pflegte sie zu sagen.

Ich wusste lange nicht, wem ich gehörte, ich war neugierig auf alles.

Das Mädchen hat Talent, hörte ich Männer raunen. Manche fanden mich niedlich; dass sich eine Frau was traute. Einige meinten, ich sollte es als Model versuchen; andere sagten, wir hätten gar nicht vermutet, dass Sie so gut Bescheid wissen. Und so strukturiert reden.

Ich fand bemerkenswert, dass da Gegensätze konstruiert wurden, ich ließ mich nicht darauf ein. Ich studierte Volkswirtschaft und Geschichte und gründete später in Brüssel mit einem Freund eine Unternehmensberatung. Für Unternehmen aus dem Mittelstand, mich interessierten Themen wie Umweltnormen oder Verbraucherschutz und Handelsabkommen. Eine Frau als Unternehmerin, das übersteigerte so manche Vorstellungskraft. Man war sich uneins über meine Anschlussverwendung. Einmal nahm mir ein Geschäftsführer den Mantel ab und sagte, ich hänge ihn besser weit weg von meinem, wegen der Haare. Sonst denkt meine Frau, ich sei wieder unterwegs gewesen. Und da war der Termin mit einem Manager, eingetütet als ein Treffen mit anderen Kollegen. Der Mann kam allein. Als wir am Tisch saßen, nahm er ein Streichholz und deutete an, eine Kerze zu entzünden. Ach, Frau Koch-Mehrin, sagte er plötzlich und beugte sich über den Tisch, die brauchen wir nicht. Ich habe genug Feuer in der Hose.

Ich blieb sitzen. Sein Chef bekam später ein Fax. In diesem beschrieb ich, was passiert war. Die Damen im Büro konnten mitlesen. Da war Feuer in der Bude.

Auch in der FDP gab es solche Männer. Hände auf meinem Knie, ein weicher Griff an die Schulter. Sanfte Rückenmassage, ungefragt. Hier eine Zote, da eine Anzüglichkeit, ausprobieren, was geht. So Sätze wie: »Ich würde so gern mit Ihrer Eiskugel tauschen. Darf ich Ihnen mal den Staub von der Jacke blasen, ich bin der Chefbläser der Partei.« Und an mich gerichtet, aber gemeint war mein männlicher Büroleiter: »Hach, der besteht ja nur aus Muskeln und Samensträngen. Schade, dass er Standdienst hat, Ständerdienst wäre besser.«

Wer sich so was traut, muss Attacke gut timen. Sich herantasten, so sagt man ja. Seine Hand immer noch zurückziehen können, nicht dass es komplett übergriffig wird. Man wagte sich vor, man rückte Pelle. Würde sie aufspringen, wenn man in ihrem Beisein sagte: »Ich habe nichts gegen Frauenbewegungen, Hauptsache, sie sind rhythmisch«? Nein, sie würde bleiben. Wetten? Ich blieb. Härtetest bestanden. Brav, die Gute. So war die Stimmung, als ich anfing. Das, was man Klima in der Partei nennt.

Ich kannte es nicht anders. Ich war neun Jahre alt und zu Besuch bei meiner Freundin, als ich mit einem Mal allein mit ihrem Vater war. Wollen wir mal fühlen, ob du schon größer geworden bist, sagte er, lass mal schauen, was bei dir los ist. Er strich über meinen Körper und schob seine Hand unter mein T-Shirt. Es gelang mir, mich loszureißen. Aufgewühlt rannte ich zu meiner Mutter, sie war in der Nähe. Ich erzählte, was passiert war. Vielleicht habe ich etwas falsch gemacht, sagte ich. Nein, sagte meine Mutter, ich gehe jetzt rüber und spreche mit dem Mann. Meiner Freundin habe ich nichts davon erzählt.

Drei Jahre später, mit zwölf Jahren, stand ein Junge in meinem Zimmer. Meine Eltern waren mit Freunden im Urlaub, wir kannten uns. Ihr Sohn wurde aufdringlich: Lass uns ein wenig Spaß haben, sagte er. Und kam näher. Mich überfiel eine wahnsinnige Angst, nicht schon wieder, dachte ich. Ich sprang aus dem Bett und rief meine Eltern. Sie beruhigten mich, dir passiert nichts, wir sind da. Am nächsten Morgen konfrontierten sie ihre Freunde. Sie wiegelten ab und sagten, ihr Sohn mache so etwas nicht. Wir brachen den Urlaub ab, mit solchen Leuten wollten meine Eltern nichts zu tun haben.

Meine Eltern haben mich stark gemacht. Ich fühlte mich nie allein mit Wut und Schmerz. Was mir passierte, passiert vielen Kindern. Sehr vielen. Der Bericht des Unabhängigen Beauftragten der Bundesregierung für Fragen des sexuellen Missbrauchs hält jährlich fest, was los ist: Als Kind sexuelle Gewalt erfahren zu haben, betrifft heute jeden siebten Erwachsenen.[3] Das sind Millionen. Ich war vierzig Jahre alt, als im Jahr 2010 in Deutschland das Amt des Unabhängigen Beauftragten für Fragen des sexuellen Kindesmissbrauchs eingeführt wurde.

Neulich erzählte ich meinen Kindern von alldem. Davon, wie ich einen Umgang zu finden versuchte. Von meiner Angst. Davon, wie ich versuchte, mich zu arrangieren. Davon, wie viel Kraft es kostet, ständig auf der Hut zu sein. Sich immer und überall wehren zu müssen.

Besser also, seine Kräfte einzuteilen, so dachte ich damals.

»Wir Frauen«, schrieb ich vor zwanzig Jahren in einem Buchbeitrag, »können uns noch jahrhundertelang folgenlos darüber aufregen, dass Bierkonsum und Herrenwitz unabdingbare Voraussetzungen für das Zustandekommen von Entscheidungen sind. Wir können aber auch Bier trinken üben und mitmachen. Das habe ich oft getan. In den seltensten Fällen war ich eingeladen. Aber das war mir egal. Ich bin einfach mitgekommen. Auch wenn anfangs einige Kühnheit dazugehörte, sich als einzige Frau nach einer Gremiumssitzung nicht zu verabschieden, sondern noch mitzuziehen in die Kneipe. Ich habe die Erfahrung gemacht, dass es anfangs geduldet und bald darauf für normal gehalten wird. Gelegentlich sollte man zum Bier ein Wasser bestellen und öfter auch mal die Ohren auf Durchzug stellen – ansonsten ist es gar nicht so schlimm.« Und weiter: »Ich habe einen Gutteil meiner Karriere auch dieser Unerschrockenheit zu verdanken, dem Willen, mich von Männern nicht abschütteln zu lassen. (...) Die Kunst besteht darin, sich Lust darauf zu machen, sich auf die Politik und ihre Machermacker einzulassen.«[4]

Ich empfand es damals als geradezu mutig, das so aufgeschrieben zu haben. In Wahrheit war ich eine Kollaborateurin. Aus Sorge, ich könnte Schwierigkeiten bekommen, verdrängte ich meine Angst. Ich fürchtete, dass die Situation eskalieren und für mich peinlich werden könnte. Dass die Dinge verdreht werden, wir tun doch nichts, wir spielen nur. Das ist ja das Perfide: Du weißt, es ist nicht in Ordnung, was passiert. Du weißt, da werden Grenzen überschritten. Du weißt, dass deine Schwäche den anderen ermuntert. Aber irgendwie wagte ich es nicht, laut und deutlich Nein zu sagen.

Und nicht immer war James in meiner Nähe. Er hat mich schon oft rausgehauen. Einmal gingen wir, das war noch vor den Kindern, mit Freunden die Straße entlang. Meine Freundin und ich vorneweg, er im Abstand von vielleicht zehn Metern hinter uns. Plötzlich waren da ein paar Typen, einer packte mich an den Hintern. Hey, was machst du da, rief ich, arrête, stopp. James reagierte sofort. Ich staune immer wieder über Männer mit viel Muskelmasse, wie schnell die doch rennen können, diese fantastische Kombination aus Geschwindigkeit und Körper, das ist ja auch für Physiker immer wieder inspirierend. James war zweimal Schwergewichtsmeister der irischen und englischen Universitäten: Er klärte die Situation sehr schnell. Die Angreifer flüchteten, wir kümmerten uns nicht weiter.

Ein anderes Mal waren wir in der Disco. Ein Mann tänzelte sich an mich heran und war der festen Überzeugung, ich sei wie für ihn geschaffen. Ich wendete mich ab, kein Interesse. Meine Geste war eindeutig, der Typ beleidigt. Man rauchte damals noch auf der Tanzfläche, mattes Licht, Nebelmaschine. Ich konnte ihn nicht genau erkennen, aber plötzlich nahm er die Zigarette aus dem Mund und drückte die glimmende Kippe auf meinem Hals aus. Ich schrie, es tat höllisch weh.

James packte den Typen. Mehr nicht. Er hielt ihn fest, bis andere dazu kamen. Wie es seine Art ist, hatte er vorher ein paar

Worte mit den Türstehern gewechselt, von Kollege zu Kollege. Nicht viel los heute, oder? Wir werden sehen, der Abend ist noch jung.

Ihm war klar, es war jetzt nicht sein Job, die Angelegenheit zu klären. Die Jungs nahmen den Mann in den Schwitzkasten und zerrten ihn raus. Die Narbe habe ich heute noch.

Meine Kinder schauten mich angewidert an. Wut. Entsetzen, Ekel. Mama, sagten sie, das ist *rape culture*, »Vergewaltigungskultur«. Ich dachte zuerst, sie übertreiben. Meine Kinder sind manchmal sehr streng; aber sie haben früher als ich gelernt, sich abzugrenzen. Und genau hinzuschauen.

Sie erklärten mir, was sie meinten.

Dass wir Frauen immer damit rechnen müssen, dass ein Mann austickt. Dir was will, dich in die Ecke drängt. Und tut, was Männer immer getan haben.

Die Angst vor einer Vergewaltigung, sie ist in mir, sie ist in uns; Frauen haben immer und überall diese Erfahrung gemacht, Objekt zu sein, von, verniedlichend gesagt, einer Begierde. Und machen sie noch.

Diese Angst ist immer da. Sie scheint selbstverständlich, wir haben uns mit ihr abgefunden. Nein, haben wir nicht, will ich nicht, nicht für mich und auch nicht für meine Töchter und auch nicht für alle anderen Frauen und Töchter dieser Welt. Dass wir Bedrohung immer mitdenken müssen, egal wo wir sind oder was wir machen. Ich will und ich werde mich daran nicht gewöhnen, an die Ermahnung an Mädchen und Frauen, sich nicht zu aufreizend zu kleiden oder zu verhalten. Sich nicht vorsätzlich in Gefahr zu begeben, am Abend leere Straßen zu vermeiden, dem Taxifahrer nie deine wirkliche Adresse zu nennen; auch nicht, ein zweites Paar Schuhe bei sich zu haben, damit du schneller flüchten kannst. Das ist ja unser Grundgefühl. Immer und überall damit zu rechnen, dass da plötzlich jemand ist, der dir was will. Es passiert auch Männern, aber noch mehr Frauen.

Rape culture: Meint ihr wirklich, fragte ich meine Töchter, dass wir in einer Vergewaltigungskultur leben? Ja, sagten sie ungerührt. Heute auch noch, Mama.

Sie haben gelernt, sich selbst zu verteidigen. Sie beherrschen Krav Maga, den israelischen Kontaktkampf. Da wird richtiges Reagieren unter Stress trainiert. Es ist kein Sport, es gibt keine Wettkämpfe, es ist Notwehr. Sie würden Typen heute sofort an die Gurgel gehen, sie haben gelernt, wie das geht. So stelle ich mir das vor, so hoffe ich.

Über den Wolken

Das Dumme an Angst ist: Man kann sie keinem anderen übereignen. Sonst klappt das manchmal gut, das Von-sich-auf-andere-Schließen. Dein Problem zum Problem eines anderen zu machen. Wir können uns Hilfe holen, und wir können Hilfe erbitten. Aber den Job, dein eigenes Leben zu meistern, den nimmt dir niemand ab. Niemand von uns kann einen anderen fragen, bitte, kannst du mal kurz meine

Angst halten? Kannst du bitte für mich leben, für mich lieben, für mich atmen?

Aber was wir können, ist, einen anderen zu bitten, einfach da zu sein. Und sich nicht dafür zu schämen, dass wir es tun. Nicht weil es schwer ist, wagen wir es nicht. Sondern weil wir es nicht wagen, ist es schwer. Ist nicht von mir. Ist von Seneca. Der war ein alter weiser Mann.

Die neue Last, sie wog schwer. Da war was in mir, das sich mir zur Beute gemacht hat. Ich fühlte mich gesund, aber vielleicht war ich sterbenskrank. War ich das? Gewebe, ist das wichtig?

Ich schaute raus, ich schaute Wolken. Ich bildete mir was ein, ich stellte mir was vor, ich dichtete mir was an. Wolken, da wirst du auch bald sein, hörte ich mich denken. Die Welt hat andere Sorgen als dich. Sorge dich nicht, lebe. Wieder so ein Satz. Verworfen. Sorge und Leben, das gehört zusammen.

Der Arzt hatte gesagt, er würde anrufen, sobald das Ergebnis da ist. Bis dahin wird sich dein Leben nicht ändern, sagte ich mir. Ich konnte mich nicht vorbereiten auf etwas, was noch nicht war. Irgendwann döste ich ein.

Alte Angst

Jede Sekunde müssen wir entscheiden, welche Richtung wir nehmen. Wir denken, dass wir selbst entscheiden, aber manchmal ist es nur unsere Vorstellung von den Dingen, die uns entscheiden lässt. Ich mache mir manchmal einen Spaß daraus, meine Füße zu beobachten, ob sie eher nach rechts oder nach links wollen. Ich liebe Spaziergänge und komme sehr gern von Wegen ab. Jede Entscheidung kann richtig, jede Entscheidung kann falsch sein. Das strengt an, das macht Arbeit. Tun wir das eine, lassen wir das andere.

Was für den einen bedrohlich wirkt, mag für den anderen eine Herausforderung sein.

Die Angst, die wir spüren, ist abhängig von den Erfahrungen, die wir machen und die andere vor uns gemacht haben. Jede Zeit hat ihre Ängste. Die frühen Menschen fürchteten wilde Tiere mit gefletschten Zähnen. Irgendwann erfanden sie das Feuer. Davor fürchteten sich Raubtiere. Der Alte Fritz fürchtete, dass sein Kutscher den Pferden zu sehr die Sporen gab. Fahr er langsam, ich habe es eilig, hieß er ihn. Später kam die Eisenbahn. Was wir heute wie selbstverständlich nutzen und Klage führen über jede Minute von Verspätung, versetzte den Menschen vor zweihundert Jahren in Angst und Schrecken. Nicht nur, weil das Dampfross, also das Pferd, das Feuer spuckt, Raum und Zeit teilte; da kam was in Fahrt, das einen gefangen hielt, man saß in einem Käfig aus Stahl und Blech und konnte einen fahrenden Zug nicht einfach mal aufhalten. Die Ärzte von damals berichteten von Nervenkrankheiten und Anfällen von Ohnmacht. Die Menschen waren nicht gewohnt, sich auf Schienen fortzubewegen, das Neue machte ihnen Angst. Irgendwann haben wir uns überlegt, wie wir mit dieser Angst umgehen und sie einschätzen sollen. Die Angst, dass ein Zug entgleist. Die Angst, dass ein Auto in ein anderes rast. Dann setzen wir Angst in ein Verhältnis und entscheiden, welches Risiko wir auf uns nehmen.

Die alte Angst ist also relativ. Aber sie sitzt uns in den Knochen. Sie ist noch da. Meine Mutter, und nicht nur die, wuchs auf mit der Angst vor Bomben, die vom Himmel fielen. Meine Freunde, und nicht nur die, ertragen heute Angst in den Bunkern von Kiew. Die Angst vor Vernichtung hat sich eindrucksvoll in unserem Gedächtnis verewigt. All dessen sind wir uns noch gewahr, tief in uns, und die Erinnerung ist so übermächtig, dass wir immer mit dem Schlimmsten rechnen. Wir achten also mehr auf das, was falsch laufen könnte. Was prima ist, preisen wir ein. Läuft ja, automatisch, wir haben uns daran gewöhnt, danke dafür. Angst ist dann, wenn wir uns vorstellen, dass es nie wieder so schön sein wird, so, wie es war. Aber manchmal haben wir noch genug Zeit, bis es so weit ist. In dieser Zeit können wir lieben und lachen und tanzen. Wenn wir eines Tages nicht mehr tanzen können, werden wir das schon merken. Aber es hilft uns wenig zu sagen, ich habe Angst, eines Tages nicht mehr tanzen zu können. Das macht nur schlechte Laune. Also tanzen, solang es geht.

Stiftung

Bevor ich in die USA flog, besuchte ich meine Freundin Juliane, ich kenne sie seit dem Studium. Wir erzählen uns alles. Eines Tages hatten wir beschlossen, uns gegenseitig zum Vormund unserer Kinder zu machen, falls mal was passiert. Sie ist Rechtsanwältin. Eine richtig tolle Frau, ich darf das sagen.

Juliane, sagte ich, es wird ernst. Vielleicht ist da was. Ich zog sie ins Vertrauen. Unsere Kinder chillten im Garten, wir setzten uns in eine ruhige Ecke. Die Kinder bekamen nicht mit, was wir besprachen. Wir tranken ein Glas Wein. Juliane hörte mir gefasst zu. Mach dir keine Sorgen, sagte sie, ich bin da, wie besprochen. Du kannst dich auf mich verlassen. Das war ein so schöner Moment.

Merkwürdig, dachte ich, eigentlich ist alles gut. Ich war dankbar für Juliane. Liebe, dachte ich, ja, so ist Liebe. Am Anfang ist Liebe, und Liebe ist immer die Antwort. Ohne Liebe kein gutes Leben. Wenn Menschen nicht lieben können, sich nicht und andere, dann ist etwas fürchterlich falsch gelaufen.

Liebe hat für mich auch mit Freiheit zu tun. Hannah Arendt hat mal von der Freiheit gesprochen, frei zu sein. Politik hat sie immer in Beziehung gedacht, nicht als Verordnung oder Überwältigung. Miteinander in Kontakt zu treten, den Austausch zu suchen, nicht von oben herab, sondern von unten gedacht. Sich nicht selbst verlieren, sondern in Respekt und Wertschätzung einen Gewinn zu sehen. Groß zu denken, nicht klein.

Gerade hatte ich das fünfjährige Bestehen meiner Stiftung gefeiert. Wir verbinden Frauen in aller Welt miteinander, Regierungschefinnen, Ministerinnen, Geschäftsführerinnen, Ministerpräsidentinnen. Wenn ich mit einem Satz erklären soll, was wir machen, sage ich: Wir arbeiten so ähnlich wie das Weltwirtschaftsforum in Davos, nur netter, ohne Machogehabe.

Man könnte denken, so etwas gibt es längst, in Netzwerk-Zeiten. Gab es aber nicht. Mindestens einmal im Jahr organisieren wir die Weltversammlung der Politikerinnen, das letzte Mal vor der Coronapandemie in gemeinsamer Einladung mit dem japanischen Parlament in Tokio. Wir waren auch schon zu Gast in Litauen und Äthiopien, Mexiko und Jordanien. Unsere tägliche Arbeit organisieren wir über Videokonferenzen, manchmal sehen wir uns auch am Rand von UN-Versammlungen in New York. Unsere Stiftung, akkreditiert in Reykjavík mit eigenem Büro, kooperiert mit den Vereinten Nationen, dem Weltwirtschaftsforum und der Organisation für wirtschaftliche Zusammenarbeit und Entwicklung (OECD), wir sind auch Teilnehmer der Münchener Sicherheitskonferenz. Weil sich auch dort vor allem Männer versammeln, hat uns das Präsidium eingeladen, dafür zu sorgen, dass mehr Frauen dabei sind. Die Welt wäre natürlich friedlicher, wenn mehr Frauen was zu sagen hätten. Es gäbe weniger Kriege. Aber mehr Länder, deren Vertreter nicht miteinander sprechen würden, kleiner Scherz.

Wir haben einiges erreicht. Den König von Jordanien konnten wir überzeugen, Vergewaltigung endlich unter Strafe zu stellen. Bis vor wenigen Jahren lebten Täter dort ungestraft, wenn sie nach einem Missbrauch ihr Opfer heirateten. Taten sie es nicht, hatte es auch keine größeren Konsequenzen. Eine Frau hingegen wurde von der Familie verbannt und aus der Gemeinschaft ausgeschlossen. Scham und Schande.

Mein Job ist es, Verbindungen zu schaffen und Unterstützung zu bieten, es geht um eine gemeinsame große Sache. Ich bin viel unterwegs, in allen Erdteilen, habe intensive und bereichernde Begegnungen, ein großes Geschenk. Chandrika Kumaratunga, die Präsidentin von Sri Lanka, erklärte mir mal, warum von Frauen ausgehandelte Friedensverträge zumeist länger halten als die von Männern. Sie hatte geschafft, in ihrer Heimat nach langem Bürgerkrieg neues Vertrauen herzustellen. Das ist nur möglich gewesen, weil wir nach Gemeinsamkeiten gesucht haben, sagte sie, nach Verbindendem statt dem Trennenden. Chandrika brachte verfeindete Männer dazu, sich in einem Haus einen Raum zu teilen. Sie mussten sich ertragen. Und überlegen, ob es nicht schöner sein könnte, sein Gegenüber eines Tages als Freund bezeichnen zu können. Statt ihm ein Messer in den Bauch zu rammen. Mittlerweile ist wieder Chaos in Sri Lanka, das Grauen nimmt kein Ende.

Ich höre viele Geschichten, die schwer zu ertragen sind. Eine venezolanische Oppositionspolitikerin erzählte mir, sie habe ihre Kinder ins Ausland gebracht, damit sie dort einigermaßen sicher die Schule besuchen. Sie sieht ihre Kinder nur wenige Tage im Jahr, sie hat Angst, dass man ihre Kinder tötet, und Angst, eben keine gute Mutter zu sein. Weil sie für ein besseres Leben für viele kämpft. Beeindruckend auch meine Begegnung mit der kanadischen Friedensnobelpreisträgerin Jody Williams, einer Kämpferin gegen Landminen. Sie berichtete, wie sie eines Tages in Kolumbien auf einer Friedensmission überfallen und von einer Horde Männer vergewaltigt worden war, man wollte sie zum Schweigen bringen. Sie war unterwegs, zwischen verfeindeten Gruppen zu vermitteln, in einem dieser nicht enden wollenden Kriege zwischen Drogenkartellen und der Regierung.

Unsere Arbeit wird von Stifterinnen und Stifter wie Melinda Gates aus den USA oder Mo Ibrahim aus dem Sudan gefördert. Unternehmen finanzieren Kongresse, wir erhalten Forschungsgelder für die Zusammenarbeit mit Universitäten und Regierungen. Frauen in Parlamenten oder Regierungen bieten wir wissenschaftliche Expertise und Beratung.

Die meisten Frauen haben einen anderen Begriff von Macht als Männer. Macht bedeutet zuerst einmal Unabhängigkeit, die Freiheit, über die eigene Zeit, den eigenen Körper und das eigene Leben zu bestimmen. Nur acht von hundert Regierungschefs sind Frauen. Das wollen wir ändern.

Macht ist, historisch gesehen, für Frauen ziemlich neu. Die erste jemals in der Weltgeschichte demokratisch gewählte Präsidentin eines Landes war Vigdís Finnbogadóttir in Island. Das war 1980. Nach ihrer Scheidung adoptierte sie ein Mädchen. Im Wahlkampf setzte sie sich gegen mehrere Männer durch und blieb 16 Jahre im Amt. Die Isländer lieben sie, auch für ihre Antwort auf die Unverschämtheit eines männlichen Konkurrenten, der nach ihrer Krebsoperation meinte, eine Frau mit so komischen Brüsten könne kein Land repräsentieren. »I do not intend to breastfeed the nation«, sagte sie. Sie habe nicht vor, die Nation zu stillen.

Und ich hatte nicht vor, einer Krankheit mein Leben zu übereignen.

Bonjour, Madame Kosch-Märän

Der erste Termin war nach der Landung. In Washington saß ich mit Melanne Verveer zusammen, der engsten Mitarbeiterin von Hillary Clinton, einer *Ambassador at large*, wie die US-Amerikaner sagen, für *global women's issues*. Eine beeindruckende Persönlichkeit, präzise, schnell, keine Floskeln. Bekommt man dreißig Minuten mit einer solchen Kapazität, ist das schon sehr gut. Ich sagte, ich bekomme gleich einen wichtigen Anruf, dann müssen wir kurz unterbrechen. Kein Problem, meinte Melanne, geh einfach nach nebenan, dort hast du deine Ruhe. Der Anruf aus Europa war fast auf die Minute genau. Ich ging rüber. Auf dem Tisch in der Mitte lag ein Puzzle; so was liegt oft rum in Büros von Leuten, die sich ab und zu mal ablenken müssen. Ich nahm mein Handy und nannte meinen Namen. »Bonjour, Madame Kosch-Märän.« So heiße ich in Belgien, Madame Kosch-Märän. Es ist absurd, meinen Krebs erlebe ich auf Französisch. Nach der Eröffnung eine kurze Pause, Sekunden zwischen Leben und Tod, noch durfte ich hoffen. So von dem einen auf den anderen Moment kann sich Leben ja ändern, in Bruchteilen von Sekunden, wie wir sagen. Leider schlechte Nachrichten, sagte der Mann am anderen Ende der Leitung. Ich hatte es geahnt, nichts war mit froher Botschaft. Der Arzt sprach sie gelassen aus, so wie ein Pilot, der Meldung macht über bevorstehende Turbulenzen. Betont lässig, dass niemand in Panik gerät, obwohl er weiß, wir stürzen gleich ab, bleiben Sie ruhig und, vor allem, bleiben Sie sitzen.

Die Pilotenstimme sagte: Es tut mir leid. Sie müssen sofort operiert werden und sich danach wahrscheinlich einer Chemotherapie unterziehen.

Der Arzt machte eine kleine Pause. Wenn alles überstanden ist, sagte er, würde er die Brust rekonstruieren, ich könne mich dann wieder als Frau fühlen. Wir sehen uns so schnell wie möglich in Brüssel, au revoir, Madame Kosch-Märän. Ich steckte das Handy in meine Handtasche und ging nach nebenan. Alles erledigt, sagte ich. Ein paar Wünsche noch zum Abschied, und raus. Der nächste Termin war einen kurzen Spaziergang entfernt. Ich erreichte James, im Gehen, *bad news*, sagte ich, ich rufe dich später an. Ich muss weiter.

Okay, dachte ich, das wird jetzt ein größeres Kapitel in deinem Leben. Ich hatte mir Notizen gemacht. Mitgeschrieben, was los ist bei mir. Ich kann mir nicht alles merken. Ich war wütend: Hatte er das wirklich gesagt? Hatte der Arzt gesagt, er würde mir Silikon oder Eigenfett einbauen, und dann könnte ich mich mit zwei Brüsten wieder als Frau fühlen? Was bildete der sich eigentlich ein? Nur mit Brüsten eine Frau? Meinte er das womöglich auch genau so? Es war niederschmetternd. Ich war von Männern ja einiges gewohnt: »Ihre Zukunft liegt zwischen ihren Beinen«, hatte mal einer aus der FDP über mich gesagt. Aber das hier war irgendwie noch schlimmer.

Mit diesem Arzt wollte ich nichts mehr zu tun haben. Gönnerhaftes Mackertum. Vielleicht hatte ich mir Trost erhofft, ein wenig Mitgefühl, Empathie: Seine Worte verletzten mich. Er sagt das bestimmt öfter, dachte ich, und wohl niemand wird ihm gesagt haben, dass dies keine angemessene Reaktion ist auf Angst und Sorge. So einem soll ich vertrauen, bei so einem soll ich mich sicher fühlen? Ich sackte in mich zusammen, all mein Vertrauen war dahin. Ich wollte mich stark halten, ich hatte mich so bemüht. Aber was sollte ich tun? Er war mein Arzt. Ich brauchte ihn. Du bist jetzt von ihm abhängig, dachte ich.

Aber auch nicht zu lange, der nächste Termin. Ich hatte mich von meinen Leuten gut takten lassen, effizient wie immer. Uzra war meine nächste Gesprächspartnerin, Uzra Zeya, Chefin der *Alliance for Peacebuilding*. Coole Organisation, coole

Frau. Die US-Amerikanerin spricht vier Sprachen, unter anderem Arabisch. Weltgewandt wäre noch untertrieben. Als Donald Trump Präsident wurde, trat die Top-Diplomatin nach 27 Jahren im Dienst des Außenministeriums zurück; mit der in solchen Kreisen ungewohnt offenen Begründung, ein Typ wie Trump sei unwürdig, eine Demokratie zu repräsentieren. Heute arbeitet sie als Staatssekretärin im Team von Joe Biden. Auch hier schnelle konzentrierte dreißig Minuten, dann ab in den Zug nach New York, zu meiner Freundin Hanna. Die isländische Regierung hatte sie damals in die UN-Zentrale entsandt. Vereinte Nationen, hier war ich richtig. Hanna servierte Käse und Erdbeeren und nahm mich in den Arm.

Island

Hanna ist meine Herzensfrau. Meine Schwester. Wir sind wie zwei Erbsen in einer Schote. Unabgesprochen tragen wir oft die gleichen Sachen. Ich habe immer was in Reserve, wenn ich nicht so aussehen will wie sie. Ich weiß, was bei ihr los ist, sie weiß, was mit mir ist. Hanna war isländische Innenministerin und Bürgermeisterin von Reykjavík, wir leiten die Stiftung gemeinsam.

Wenn ich sie auf ihrer Insel besuche, sind die Landungen oft hart. Nicht wegen ihr, wegen Island. Da ist immer was los. Ascheregen und Vulkanausbruch. Erdbeben sowieso. Man schaut morgens aus dem Fenster und guckt erst mal, ob noch alles steht.

Letztens kamen wir nicht aus dem Flieger raus, ein heftiger Sturm verhinderte das Heranfahren einer Gangway. Dann bleibt man eben sitzen, bis sich der Wind gelegt hat. Einmal wackelten die Tragflächen so sehr, dass ich dachte, das war's jetzt. In Wirklichkeit waren wir schon gelandet.

Hat man es später bis zur Autovermietung geschafft, muss man unterschreiben, beim Ein- und Aussteigen die Tür festzuhalten, sonst bekommt man das Auto nicht. Ich kenne kein anderes Land auf der Welt mit einer solchen Klausel. Die Isländer achten sehr auf ihre Türen. Muss mal im Fernsehen wieder was erklärt werden, wackelt oft das Bild. Die Erde macht Stretching, sagt Hanna dann. Und spricht auf Pressekonferenzen ungerührt weiter.

Island tut alles dafür, schwer erreichbar zu sein. Und dass es fast unmöglich ist, dort zu leben. Nur wenige sind hartgesotten genug, auf einen Quadratkilometer vier Menschen. Wenn man es als Besucher schafft, bei einem Isländer einen Fuß in die Tür zu bekommen, erwarten einen umwerfende Begegnungen, nicht nur wegen dem Wind.

Sie sind Nachkommen von Siedlern, die Not und Gefahr nicht scheuten, um in Freiheit zu leben. Seit über tausend Jahren machen sie hier, was sie wollen. Sie wissen, was Weltflucht ist, sie wissen, was Wetter mit einem macht, Eis und Meer und Schnee. Sie kennen dunkle Tage, und wenn mal dreimal hintereinander 15 Grad ist, sprechen sie von einer Hitzewelle.

Und die Isländer meinen, sich mit verborgener Welt auszukennen, mit dem, was man nicht sieht. Mit bloßem Auge nicht erkennt. Auf den Bergen und in den Fjorden wohnen Elfen und Trolle, übernatürlich ihre Kraft, unsichtbar ihr Wesen. Beseeltes Leben und ein Glaube daran, dass es Größeres gibt als die menschliche Hybris, dass da jemand wacht über den Lauf der Zeit, zart und verletzlich auch und ernsthaft besorgt, dass Menschen sich nichts Böses tun und sich verbinden müssen gegen Unbill und Überwältigung. Die Natur macht sie demütig, und aus diesem Wissen heraus machen sie hier auch ihre Gesetze. Wenn zum Beispiel eine neue Straße gebaut wird, ist ihnen wichtig, vorher sicherzustellen, dass sie nicht durch Feengebiet führt. Wirklich wahr.

Männer und Frauen sind hier gleichberechtigt. Island ist Weltspitze in Emanzipation. Und Heimat des sogenannten Reykjavík-Index for Leadership, einer jährlich erhobenen wissenschaftlichen Studie, die das Ausmaß von Vorurteilen bemisst, in den G20-Ländern. Das Schöne: Diesen Index haben wir entwickelt, meine Kolleginnen und ich, gemeinsam mit Wissenschaftlerinnen des Marktforschungsunternehmens Kantar, im Auftrag unserer Stiftung. Der Name der Studie ist eine Hommage an das Bemühen der Isländerinnen und Isländer, endlich Schluss damit zu machen, Frauen als Menschen zweiter Klasse zu behandeln. Ich weiß, dass Statistiken nerven können, aber manchmal sagen sie in ihrer Nüchternheit mehr als Worte. Hier sind ein paar Zahlen: In Sachen Gleichberechtigung belegt Deutschland unter den sieben führenden Industrienationen den letzten Platz. Unter den zwanzig wirtschaftlich reichsten Ländern behaupten wir uns knapp vor der Türkei, China, Südkorea, Russland, Saudi-Arabien und Indonesien.[5] Das sind nicht unbedingt Staaten, die wir uns sonst als Beispiel nehmen. Die zwanzig größten Industrieländer werden von Männern geführt, der weltweite Anteil von Frauen in Ministerämtern liegt bei knapp über zwanzig Prozent.[6] Sprechen wir von Vereinten Nationen, reden wir von organisierten vereinten Männerbünden.

Noch eine Zahl, ich muss sie unbedingt loswerden: Einige Länder könnten ihre Wirtschaft um 35% steigern, dürften Frauen endlich überall so wirtschaften, wie es ihnen möglich wäre.[7] Christine Lagarde, die Chefin der Europäischen Zentralbank, nennt diese Zahl oft. Sie leitete auch den Internationalen Währungsfonds, sie kennt sich wirklich aus. Weiß man doch alles nicht: Eine Frau in Ägypten darf zum Beispiel weder ein Bankkonto führen noch ihr Geld behalten, das bekommt der Mann. So ist es in vielen Ländern der Welt, immer noch. 35 Trilliarden Dollar, das ist so, sagt Christine Lagarde, als würden der Welt zwei weitere Chinas an Wirtschaftskraft zuwachsen.

Seit 2018 versuchen wir, mit dem »Reykjavík-Index for Leadership« auch nachzuvollziehen, ob Frauen und Männer als gleichermaßen geeignet wahrgenommen werden, Führungspositionen zu besetzen. Wir brauchen Zahlen, Dinge in Bewegung zu setzen. Gefühle und Meinungen und Stimmungen sind da weniger gut. Es ist wichtig, Veränderungen zu erfassen und von den Führungsspitzen und der Bevölkerung Verantwortung einzufordern. Dafür sind belastbare Daten ein zentrales Instrument, durch sie kann die Politik begründet handeln. Wir stellen in von uns beauftragten Studien zum Beispiel Fragen wie diese: »Sind Sie mit einer Frau als Regierungschefin einverstanden? Oder: Sind Sie mit einer Frau als Regierungschefin sehr einverstanden?« Das kleine Wörtchen »sehr« macht den großen Unterschied; Menschen überlegen noch einmal, bevor sie vorschnell eine Antwort geben. Und viele sagen sich, na ja, so »sehr einverstanden« bin ich vielleicht doch nicht. An der Stelle wird deutlich, wie groß Vorurteile noch sind.

Die Daten fördern Erstaunliches zutage: In Deutschland, zum Beispiel, trauen junge Menschen im Alter von 18 bis 25 Jahren Frauen in Führungspositionen weniger zu, als es ihre Eltern tun.[8] Ich hatte gedacht, dass wir schon weiter wären.

Für das Weltwirtschaftsforum in Davos dokumentieren Wissenschaftler seit 15 Jahren, wie viele Jahre es wohl noch dauern wird, bis weltweit Gleichberechtigung herrscht. Sie schauen sich Entwicklungen in den Bereichen Gesundheit, Bildung, Wirtschaft und Politik an und berechnen in anspruchsvollen Modellen, in welcher Geschwindigkeit Veränderungen zu erwarten sind. Was die Gleichstellung in der Politik betrifft: 145 Jahre. In Job und Beruf: 267 Jahre.[9]

All diese Zahlen und Fakten empören mich. Es wird auch nicht dadurch besser, dass man es weiß. Ich kann mir keinen Film anschauen, ohne daran zu denken, dass Frauen dort weniger sagen, sich aber schneller ausziehen. Frauen besetzen in Filmen eher Nebenrollen, spielen oft Mutter oder Freundinnen des Helden.

Mein und unser Job ist es, die Dinge zu benennen und jeden zu unterstützen, der die Dinge ändern will. Beim Gründungskongress unserer Stiftung räumte Island alle Preise ab. In Island spielt es keine Rolle, ob du als Mädchen oder als Junge auf die Welt kommst. Ich war vier Jahre alt, als die Frauen in Island es satthatten, herablassend behandelt zu werden. Sie streikten. Das war im Jahr 1975. Hausfrauen, arbeitende Frauen. Sie hörten auf zu putzen. Sie hörten auf zu lehren. Sie hörten auf, sich zu kümmern. Nix ging mehr. Bis auch die Männer kapierten.

Danach ging immer mehr. Heute ist die Regierungschefin auch zuständig für Fragen der Gleichberechtigung, es gibt kein Frauenministerium. Frauen und Männer unterschiedlich zu bezahlen ist verboten. Hier stellt niemand mehr einer Frau die Frage, ob es möglich ist, Familie und Job miteinander zu verbinden. Sexistische Werbung wird streng geahndet, Prostitution nicht geduldet. Mehr Island wagen wäre gut für die Welt.

Von Hanna aus telefonierte ich mit James. Das sind wirklich schlechte Nachrichten, sagte ich. Alles, was ich wusste vom Arzt, alles, was ich mir notiert hatte, gab ich weiter. Ich war erstaunlich sachlich, so als würde ich Bericht erstatten. James hörte mir aufmerksam zu. Er ist einer, der alles wissen will. Aber noch mehr wägt er jedes Wort ab, er will nicht bewerten, er will auch nicht den Eindruck erwecken, dass er Dinge nicht ernst nimmt, bei allem Spaß. Es ist ihm sehr daran gelegen, die passende Tonlage zu treffen. »Little said is easy mended«, sagt er oft. Es heißt so viel wie: Wenig gesprochen ist leichter geheilt, so will ich das mal übersetzen.

James stammt aus einem Dorf in Irland, er sagt Stadt dazu. Zweitausend Einwohner, zwanzig Pubs. Mit seinem Vater ging er sonntags angeln. Ich kenne Angeln vom Büdchen vor unserer Schule, als wir Kinder in der Pause Süßigkeiten kauften. Wir bekamen für fünfzig Pfennig Esspapier und Gummibärchen und kleine Brezeln aus Lakritz. Der Mann hinter der Theke angelte sie aus großen Gläsern und legte sie uns vorsichtig in eine Tüte. Wir zeigten uns stolz, was drin war.

James ist Fliegenfischer. Was ganz Feines. Er muss denken wie ein Fisch. Und ein bisschen auch wie eine Fliege, sehr komplex. Er wirft nicht einfach nur die Rute aus, er spielt mit Annahme und Erwartung. Der Fisch denkt, da surrt eine Fliege, aber es ist James, der da Leine zieht. Er döst nicht einfach ein und wartet, bis sich da ein Fisch in einen Haken verbeißt; er wirft die Schnur in elegantem Bogen und zieht eine Fliegenattrappe kunstvoll durchs Wasser. So kann man täuschen.

James hat einen sehr komplexen Charakter, sage ich immer, wenn Freundinnen mich fragen, wie wir beide miteinander zurechtkommen. Manchmal holt er Hechte raus. Abends dann ein lautes Hallo im Pub. Ein Pint für die Männer und breites Grinsen. Und eine große Erzählung: In Irland ist Angeln ja ein eigenes Literaturgenre. Wind und Wetter und Salz auf der Haut. Groß und gewaltig der Himmel. Winde wehn und Wolken ziehn, und immer was zu trinken.

Solang wir nichts Genaues wissen, sagte James, machen wir uns auch keinen Kopf. Ich konnte nicht schlafen, er schon.

Keine Ahnung, was er wirklich gedacht hat. Das wird schon, sagte er, ich will ja auch noch zur Rugbyweltmeisterschaft. Er hat mal Rugby gespielt, manchmal als *loosehead prop*, so als Stütze im Gedränge, manchmal in der zweiten Reihe. James ist ganz gut im Raufen auf dem Spielfeld. Ich bin auch mit ihm zusammen, weil er die Ruhe weghat. Hat eines der Kinder einen Schnupfen, denke ich gleich an Nebenhöhlenentzündung. Arzt, Klinik, Katastrophe. Ich denke die Dinge voraus und manchmal eben zu viele Dinge. An alles zu denken kann manchmal gut sein, aber oft eben auch nicht. James also schickt das verschnupfte Kind ins Bett, Kuss, »snug as a bug in a rug«. Schlaf schön wie eine Motte im Teppich, so ungefähr, das hat seine Oma auch immer gesagt. Am nächsten Morgen ist die Motte wieder fit, war was? Du wirst sehen, sagte James, es wird alles gut. Klar, dachte ich, sicher besser, dass der jetzt nicht auch noch Panik schiebt.

Ich wachte auf wie gerädert. Hanna hatte mich trösten können, aber ihr Zuspruch war irgendwann aufgebraucht. Ich war außer mir: Mit meinem Ableben ist täglich zu rechnen, ich rechnete damit. Ich rang um Fassung. Okay, sagte ich mir, wen kennst du noch, was muss ich tun? Ich will nicht von diesem Arzt operiert werden, der mir meine Brust rekonstruieren wollte. Ach ja, Felicia, ich werde Felicia anrufen. Die hat richtig Ahnung und kennt gute Leute. Sie hat sich zum Beruf gemacht, Frauen aufzuklären über Brustkrebs. Felicia organisiert Kampagnen und hatte selbst Krebs. Ich kannte sie über eine Freundin. Felicia war total zugewandt, wir sind viele, sagte sie. Ich verstehe deine Angst, ich bin da auch durch, es geht uns allen so. Ich schicke dir mal Bilder, sagte sie. Sie postete mir Aufnahmen ihrer Operationsnarbe, schau mal, schrieb sie, mit dieser Narbe kann man gut leben. Sag Bescheid, wenn es dir schlecht geht, ich bin für dich da, hab keine Scham. Und vergiss nicht, Hilfe anzunehmen, niemand lebt für sich allein.

Das war alles sehr aufmerksam und fürsorglich, aber es überforderte mich. Ich war fertig. Ich konnte nicht mehr atmen, ich konnte nicht mehr liegen, Herzrasen. Schweiß. Aderpochen, Zähneknirschen. Meine Kinder, mein Mann, was soll aus ihnen werden. Adrenalin, feuchte Hände, ich ersticke. Als ich dachte, jetzt geht es wieder, wurde es noch schlimmer. Atmen, Silvana, atmen. Ich versuchte, so zu tun, als ob ich keine Angst hätte, irgendwo hatte ich das gelesen, irgendwas mit der Macht der Gedanken. So zu tun, als ob.

Mir gelang, mich zu befrieden. Als ich mich etwas gefangen hatte, schickte ich einer befreundeten Pathologin den Befund. Ich war dankbar dafür, so viele Menschen zu kennen, ich denke in Beziehung, ich lebe in Beziehung. Die Pathologin sagte, geh nicht zum Gynäkologen, geh zu einer Chirurgin, einer Frau, die dauernd operiert und am besten kleine Hände hat, mit kleinen Händen kann man feiner arbeiten, die Naht hält besser. Ich kenne eine, sagte sie, sie hat viel zu tun, Monate, Jahre, bis du bei ihr einen Termin bekommst, versuch es da trotzdem. Die Frau hat selbst keine Brüste mehr. Sie schneidet dir den Busen weg. Meine Freundin hat das wirklich so gesagt, und wie sie es sagte, so ohne Scheu und falsche Rücksichtnahme, war ich einverstanden und fühlte mich als Teil einer Lösung. Ja, das wird gut sein, bestimmt, weg damit, ein Problem weniger. Ich fürchtete weniger eine Operation als eine Chemotherapie danach.

Ich wartete noch die Zeitverschiebung ab und rief von den USA aus dort an. Die Sprechstundenhilfe klang fürsorglich, aber entschlossen. Wir haben leider keine Termine, Madame, Sie müssen sich in Geduld üben, versuchen Sie es woanders, das wird schneller gehen. Nein, sagte ich, ich will zu Ihnen, es ist dringend, ich habe drei Töchter, bitte. Bitte helfen Sie mir. Ich warf mein Leben in diesen einen Satz, ein Flehen über den Ozean. Warten Sie, meinte die Dame, ich versuche mal was, ich kann nichts versprechen, ich bin gleich wieder da, legen Sie nicht auf. Sekunden, wie eine Ewigkeit. Der Moment zog sich hin, es war kaum auszuhalten. Plötzlich ein Rascheln im Hörer. Silvana, sagte die Sekretärin, Sie sind herzlich willkommen. Melden Sie sich, sobald Sie gelandet sind, wir bereiten alles vor.

Flopsy

Zu Hause hatte ich ein paar Stunden. Die Kinder fragten, ob es schön war in den USA, ja, sehr gut gelaufen, sagte ich. James machte seinen Tee und warf den Beutel in die Spüle, es war wie immer. Nur Flopsy freute sich wie noch nie, so hat sie sich noch nie gefreut, dachte ich. Sie sprang an mir hoch und machte Mätzchen, ja, Flopsy, sagte ich, alles wird gut, du wirst schon sehen.

Ich schreibe ihren Namen mit Ypsilon, ich weiß nicht, wie sie es selbst sieht. Dieser Name, meinte eine Freundin, ist doch eher einer für Hasen, Hasen nennt man so, sagte sie. Sie meinte vielleicht, dass dieser Name artfremd sei. Aber wenn man sich meinen Hund mal genau anschaut, dann würde jeder auf diesen Namen kommen.

Bei Flopsy weiß man nicht, ob sie einen anguckt oder nicht, das eine Auge geht immer ein bisschen seitlich weg. Sie ist ein bisschen verhuscht und bellt auch gern, nicht unbedingt dann, wenn man es will. Aber Flopsy hält sich für einen wichtigen Wachhund. Fliegen Flugzeuge mal zu tief, das passiert in Brüssel schon mal, kriegt sie sich gar nicht mehr ein. Ich sage dann, Flopsy, hör mal zu, darin könnte ich sitzen, hör auf damit. Ich bin wirklich sehr daran interessiert, dass Flopsy die Hintergründe kennt.

Sie weiß alles von mir. Vor ihr habe ich keine Geheimnisse. Manchmal liegen wir auf dem Sofa und tun gar nichts. Flopsy schnarcht, und ich bürste ihr die Haare. Ich habe immer noch die Hoffnung, dass wir eines Tages mal so richtig ins Gespräch kommen; ich habe gelesen, dass dies ein alter Menschheitstraum ist, mit Tieren sprechen. Mein Opa zum Beispiel war Mitglied im Schutzbund der Roten Waldameise.

Auf jeden Fall sind Hunde gut gegen Angst. Sie fühlen sich richtig gut ein. Und wenn sie sich noch besser einfühlen können als Flopsy und richtig ausgebildet sind, helfen sie Blinden über die Straße, erkennen Minen, warnen Epileptiker vor einem Anfall oder werden als Posttrauma-Experten eingesetzt. Dann heißen sie PTBS-Assistenzhunde, das steht für posttraumatische Belastungsstörung. Fast jeder, der in seinem Leben Schlimmes erlebt, etwas, was er nicht kennt oder nicht verarbeiten kann, reagiert mit so einem Reflex. Besser gesagt: Ein solches Verhalten ist bereits eine Art von Verarbeitung. Dieser Reflex hat sich bei uns entwickelt, damit wir auf Gefahr reagieren und uns in Sicherheit bringen, bis wir uns nicht mehr bedroht fühlen.

Hunde können dabei helfen. Sie können, was sonst schwer geht, sogar eine Krise verkürzen. Sie riechen Angst. Und sind trainiert darauf dazwischenzugehen. Wenn man wieder mal in Panik gerät und nicht weiterweiß. Dann stupsen sie einen an oder bellen oder ziehen an deiner Hose und holen dich raus aus einem Zustand, der irgendwann gefährlich werden könnte. Mein Hund ist allerdings weder gut trainiert noch besonders gut erzogen, aber zuckersüß. Flopsy versteht mich.

Verabschiede dich von deiner Brust

Ich war müde und erschöpft und bestimmt wahnsinnig angespannt. Auch noch, als ich endlich im Wartezimmer saß und aufgerufen wurde. An der Wand ein Bildschirm und eine Nummer, ich hatte diese vorher bei der Anmeldung bekommen. Dann so eine Art Gong, es erschien eine weitere Nummer mit dem Behandlungszimmer. Ich klopfte an und ging hinein. Unsicher und erwartungsvoll, die Rettung naht, dachte ich. Die Rettung sah mich freundlich an. Hallo, Silvana, ich bin Anne. Schön, dass du da bist.

Danke, dass es geklappt hat, sagte ich, ich fand keine angemessenen Worte. Anne setzte sich neben mich und legte ihre Hand auf meine. Sie war wirklich sehr klein, ihre Hand. Ich sagte ihr, was ich von mir wusste. Ich erzählte ihr von meiner Freundin und ihrer Empfehlung. Ja, sagte Anne, ich werde dir helfen können, wir schaffen das gemeinsam. Meine Mutter hatte Brustkrebs, sagte sie, und ich auch. Ich war schwanger, als ich es merkte. Es war furchtbar, sagte sie. Aber mein Kind ist gesund.

Nur die Chemotherapie war ein Albtraum. Die Chemotherapie, genau. Sie hat mich mit einem Mal in die Wechseljahre geschossen, ich fühlte mich zwanzig Jahre älter. Ich konnte kein weiteres Kind bekommen. Das war sehr hart.

Annes Hand lag immer noch in meiner.

Silvana, sagte sie, bitte, merke dir den einen Satz: Du wirst diesen Krebs besiegen. Und noch einen: Du wirst an diesem Krebs nicht sterben. Das sind die zwei Sätze, sagte Anne, die du dir von jetzt an immer wieder sagst. So wie ein Mantra, oder, fragte ich sie. Ja, genau so.

Ihr Büro war ein Zimmer ohne Aussicht, kein Fenster, die Wand weißgrau; komisch, dachte ich, warum sind Krankenhäuser so hässlich, wie hält man das als Ärztin aus, den ganzen Tag in einem solchen Raum, ohne Tageslicht. Anne schaute mich an. Ich kann mir nicht nur vorstellen, sagte sie, wie es dir geht, ich weiß es. Anne ließ mich in ihren Computer schauen und zeigte mir Statistiken. Mit Zahlen kann man mir immer kommen. Wie hoch die Wahrscheinlichkeit, dass wirklich stimmt, was sie sagte. Du wirst diesen Krebs besiegen, sagte sie, schau dir die Zahlen an, es gibt viele, die diesen Krebs schon besiegt haben. In dir ist diffuses Gewebe. Wir müssen überlegen, was wir damit machen.

Es war ein vergleichsweise kleiner Tumor; vor diesem hatte ich großen Respekt. Ja, ich respektierte ihn plötzlich, ich erkannte ihn an, das war die Wirklichkeit. Ich hatte zu kämpfen gelernt, hier wartete Kapitulation. Ich sollte mich ergeben, ich wollte mich ergeben.

Ich kann dir die Brust abschneiden, sagte Anne, ich empfehle dir das. Damit sind wir auf der eher sicheren Seite. Okay, ich nickte. Ich war vorbereitet, und mit einem Mal war mir mein Busen gar nicht mehr so wichtig. Verabschiede dich von deiner Brust, sagte sie.

Silvana, wir sehen uns, mach einen Termin. Und vergiss nicht: Du wirst diesen Krebs besiegen.

Mutausbruch

Das geschieht dir jetzt, dachte ich. Weiche Knie und Hände feucht, den Tränen nah. Ich merkte aber auch, wie mir Kraft zuwuchs. Annes Worte wärmten mich. Ich hatte ein wenig Zeit gewonnen und blätterte in Büchern. Wollte wissen, wie andere damit umgehen. Das Wesen der Angst ist ja hinreichend dokumentiert. »Dies ist ein Abenteuer, das jeder Mensch zu bestehen hat«, schreibt Søren Kierkegaard in einem seiner Essays. »Sich ängstigen lernen, damit man nicht verloren ist. Entweder weil man sich niemals geängstigt hat, oder weil man in der Angst versunken ist. Wer aber sich recht ängstigen lernte, der hat das Höchste gelernt. Die Angst ist die Möglichkeit der Freiheit.«[10]

Und nun probiere ich es auch. Worte zu finden, für das, was ich empfand. Was ich denke. Ich bin ein wenig überrascht, dass ich es wage. Mich jetzt vor aller Augen hineinbegebe in jenes Gefühl, das so privat ist und so intim und mich noch verletzlicher macht, wenn ich öffentlich davon rede. Noch schreibe ich und schreiben wir in aller Heimlichkeit, noch wissen nur wenige davon. Wir werden keine Macht mehr haben über unsere Sätze, wenn sie richtig raus sind und zum Verkauf freigegeben, man wird sie verstehen oder auch nicht.

Angst ist ja immer noch ein Tabu. Angst lähmt und beleidigt und macht dich klein. Hart bleiben. Keine Schwäche zeigen. Das ist, was bisher zählt. Einmal besuchte ich eine Firma, deren Leute mir ihre Software vorführten. Daran, wie du Sätze bildest und formulierst, deiner Stimmlage und deinem Timbre, sollte zu erkennen sein, ob du eine gute Führungskraft bist, durchsetzungsfähig und stark. So wie man bei einer Verkehrskontrolle in ein Gerät pustet und dieses den Alkoholgehalt in deinem Atem feststellt. Ich setzte mich also in eine Kabine und sprach, wie ich es von mir gewohnt war. Ich hatte einige Erfahrung als Chefin, im Europaparlament und auch in meiner Stiftung und war gespannt, was meine Stimme über mich verriet. Ob ich eine war, die nach vorn geht.

Ich fiel durch. Ich dachte anders von mir als dieser Apparat. Ich fragte, warum. Na ja, sagten die Entwickler, wir haben den Algorithmus mit Reden von Männern gefüttert. Mit Schreien und Schwitzen und Ärmel hoch. Immer gegen die anderen, auf sie mit Gebrüll. Laut und gefährlich.

Ich glaube nicht, dass wir damit heute noch weiterkommen. Und Fortschritte erzielen. Besser, wir würden sagen, was wir fühlen. Aussprechen, vor was wir uns fürchten. Gemeinsam überlegen. Nicht mit Worten, die Angst machen. Sondern mit Sätzen, die Angst beschreiben. Weg von Lauerstellung, Stellungskrieg, Schlagabtausch. Ohne gewolltes Falschverstehen und mutwilliges Fehldeuten. Missgunst. Wir sollten alle mal einen Schritt näher kommen. Und sagen, was wirklich Sache ist. Offen sprechen über Angst.

Dieses Buch: Vielleicht wird der eine sagen, sie hat es nötig. Vielleicht der andere, das ist mutig. Jeder, der ein wenig mehr von sich preisgibt, muss mit heftigen Reaktionen rechnen.

Was ich hier mache, ist ein Mutausbruch. Ich will nichts mehr werden, im Sinne einer Karrieristin. Das nächste Amt, der nächste Titel, die nächste Anerkennung: Ich brauche das nicht mehr. Leute sagen mir, lass doch mal deine Wikipedia-Seite aufpolieren. Schau mal, was da alles steht über dich im Internet. Ja, sage ich. Und?

Jetzt könnte man meinen, und das wird vielleicht auch kommen: wohlfeil, Silvana. Jetzt macht sie auch noch auf bescheiden. Meinetwegen. Geschenkt.

Meine Angst, deine Angst: Ich erkenne mich wieder im Gegenüber. Und erhoffe mehr Miteinander. Ich möchte mir und den anderen Mut machen, wirklich etwas von sich zu erzählen und nicht den Dicken zu markieren, wenn es gerade dünne kommt.

Deshalb schreibe ich dieses Buch, schreiben wir dieses Buch, und es war nicht so geplant, es steht sehr viel mehr drin, als ich anfangs wollte, ich habe mich immer mehr hineingewagt und hineingefühlt und nehme das, was hier steht, mittlerweile auch nicht mehr persönlich. Hört sich gewöhnungsbedürftig an, ist aber so gemeint. Ich bin eine von uns. Und wir sind viele.

Krieg

Die letzten Jahre war Krieg kein Thema. Jedenfalls nicht so, wie wir ihn definieren. Und nicht in unseren Breiten. Wir hatten Corona. Und genügend Zeit, uns gegenseitig zu beleidigen. Die Köpfe einzuschlagen. Wir sagen das immer noch, Köpfe einschlagen, obwohl so viele das dann doch nicht tun, in echt.

Nun werden wieder Worte gesucht, das Jetzt zu beschreiben. Nachkriegszeit, sagen die einen. Vorkriegszeit, die anderen. Krieg kannten viele von uns nur aus den Erzählungen der Alten. Die neuen Kriegsberichte kommen von den Jungen.

Nastia, Ivan und Andreii erzählen jeden Tag davon. Der Krieg in ihrer Heimat ist Thema an unserem Tisch. Auf ihren Handys sind Bilder von Bomben, sie konnten aus ihren Kinderzimmern beobachten, wie ihre Welt in Scherben ging. Bevor sie zu uns kamen, schauten meine Kinder auch Bilder vom Krieg. Im Fernsehen und auf ihren Handys. Sie hatten Angst, dass die Raketen auch Brüssel oder Berlin treffen könnten, Angst vor einem Weltkrieg, von dem sie nur aus den Erzählungen meiner Mutter wussten. Panik in den Augen. Das war alles *too much*, für mich, für sie, für uns alle.

Nastia, Ivan und Andreii fürchten um das Leben ihrer Eltern. Sie haben Angst um ihre Geschwister, um ihre Großmütter, und sie sorgen sich um ihre Haustiere. Nastia hat zwei Katzen, die Jungs haben einen Schäferhund, er heißt Batman. Die Tiere mussten sie zurücklassen.

Ich bin keine Psychologin, und es ist derzeit auch keiner zu finden, der sich mit ihnen in ihrer Sprache über das Erlebte austauschen könnte. Aber wir versuchen, Stabilität und Sicherheit zu organisieren. Struktur. Sie gehen in die Schule und bekommen mit, was die Kinder in Brüssel bewegt. Klamotten und Musik und Fußball. Manchmal nehme ich Ivan in den Arm und frage ihn, ob er traurig ist. Ich habe jedem von ihnen ein Stofftier gekauft, einen Hund, einen Bären, eine Robbe. Die sitzen manchmal mit am Frühstückstisch. Keiner der Großen schämt sich dafür.

James boxt oder hebt mal Gewichte mit den Jungs. Wir machen Pizza im Ofen und jagen Mäuse im Haus. Niemand von uns bringt es übers Herz, eine Maus zu töten. Wir fangen sie lebend. James bringt sie morgens aus dem Haus und öffnet hinter der Hecke das Törchen. Abends ist die Maus wieder da.

Die Kinder kommen sehr gut zurecht bei uns. Nastia ist ein bisschen vergesslich; es ist nicht nur Krieg, sie hat auch Pubertät. Da ist man zuweilen etwas verpeilt. Fast jeden Tag sucht sie ihr Handy. Einmal suchten wir alle zwei Tage lang. Wir fanden das Teil im Kühlschrank, im Butterfach. An der Seitentür, wo die Klappe ist. Wenn Nastia wieder sucht, sagen wir ihr, schau erst mal in den Kühlschrank.

Ivan krault hundert Meter in sehr wenigen Sekunden, unter einer Minute jedenfalls. Er ist Leistungsschwimmer. Brüssel hat gute Schwimmbäder, er kommt zurecht. Sport, so viel es geht. Andreii fiel letztens vom Fahrrad, es ist nicht viel passiert, Wundsalbe. Beide Jungs haben ständig Hunger, ich freue mich darüber, Mütter wollen füttern. Sie essen wirklich sehr viel. Sie bedanken sich jeden Tag, dass sie bei uns sein können.

Wir sprechen oft über den Krieg. Und haben einen anderen Blick auf das Wetter. Sind Gewitter angesagt, sagen wir es ihnen vorher. Die Neuen in unserer Familie ertragen Donner nicht.

German Angst

Die Angst vor dem Krieg ist wieder da, die Erinnerung sitzt uns noch in den Knochen. Das ist das kollektive Trauma vor allem der Deutschen. Die Bilder brennender Häuser und fliehender Menschen haben sich eingebrannt in das, was man kollektives Gedächtnis nennt. Von Kindern, die es nicht mehr in die Bunker schafften. Und elendig verreckten.

Wir Deutschen haben mehr Angst als andere, wir konnten uns nie auf eine Insel zurückziehen, sagte ich zu James, bei uns war viel Krieg. Vom Hundertjährigen zum Dreißigjährigen zum Siebenjährigen Krieg und dann war Weltkrieg, gleich zweimal.

Danach war Kalter Krieg, so wurde dieser Krieg genannt, kalt. Ich ging in die Schule und dachte an Atombomben. Nicht weit von uns waren die Lager mit Raketen. Wir machten die absurde Rechnung, wie viel mal wir tot sein könnten, wenn da wieder die große Bombe zündet. Der Begriff dafür ist Overkill. Gleichgewicht wurde verbunden mit Schrecken. Als Kinder hatten wir auch Angst vor atomarer Strahlung, Tschernobyl, Harrisburg, Fukushima.

Und jetzt droht der ökologische Kollaps. Das, wovor Generationen vor uns gewarnt haben. Immer und immer wieder. Und immer und immer wieder wurde gesagt, wir müssen was tun, bevor es zu spät ist.

Es gibt da diese Uhr, die symbolisieren soll, wie viel Zeit uns noch bleibt, bis Krisen gelöst werden können. Albert Einstein und

Wissenschaftler gründeten nach den Atombombenabwürfen das *bulletin of the atomic scientists*: Sie wollten die Welt vor dem Atomkrieg warnen und stellten 1947 den Zeiger einer Uhr auf Viertel vor zwölf.

Es ist fünf vor zwölf, das sagen wir, wenn es, wie wir meinen, »höchste Zeit« sei, etwas zu tun.

Mit dieser Maßnahme wollten US-amerikanische Wissenschaftler vor allem die Politiker der USA vor dem Einsatz der Atombombe warnen. Sie hatten gedacht, es würde reichen, im Besitz dieser Bombe zu sein, die anderen abzuschrecken, es kam anders.

Derzeit steht der Zeiger auf hundert Sekunden vor zwölf, sehr kurz vor Mitternacht. Sie nennen ihre Uhr *doomsday clock*. Doomsday bedeutet Weltuntergang.

Leben und Tod

Jeder gesunde Mensch kommt mit Vertrauen und Zuversicht auf die Welt. Einem Vorrat an Kraft, an Schutz und Nähe, Wärme und Geborgenheit. Im besten Fall häufen wir in den ersten Monaten und Jahren unseres Lebens einen solchen Vorrat an, dass wir damit locker durch den Rest der Zeit kommen. Deshalb sollten Kinder (und nicht nur sie) mit Liebe überschüttet werden, in dem Wissen, dass die Dinge gut sind, dass sie gut sind.

Mein Vertrauen war aber schwer erschüttert. James, ich habe Angst vorm Sterben, sagte ich. Ich hatte immer wieder mit ihm über den Tod geredet. Wir wissen ja, wie wir geboren wurden, wissen aber nie, wie wir enden werden. Wir machen uns immer mal wieder Gedanken darüber, ob wir uns verbrennen lassen oder anonym verscharrt werden wollen oder uns jemand eine Bestattung auf hoher See organisiert. Also, das müsste natürlich der tun, der bleibt. Wenn einer von uns beiden stirbt, ziehe ich nach New York, habe ich James mal gesagt. Wir beide versuchen uns auch in Witzen, die wir selbst nicht verstehen.

Mit unserem Galgenhumor bewegen wir uns in bester Gesellschaft. Die größte Party im Leben eines Iren ist seine Beerdigung. Taufe ist eine große Sache, aber Tod ein Ereignis. Die Leiche kommt nicht einfach weg, die Leiche bleibt noch ein bisschen liegen. Familie und Freunde und Nachbarn versammeln sich tagelang um den Verstorbenen und erzählen sich die schönsten Geschichten. Trinken und essen ohne Ende. Der Ire spart auf diesen Tag hin, hat aber so richtig nichts mehr davon. Meinen wir jedenfalls.

Es ist alter keltischer Brauch, die Spiegel im Haus dann aus Respekt vor dem Toten mit Stoff zu bedecken und die Uhren auf den Todeszeitpunkt zurückzusetzen. Sich einen Witz zu erlauben über den Ernst des Lebens ist beste irische Tradition. Humor, vom Wortstamm her, ist auch verwandt mit Demut. Lachen und Leiden sind Geschwister.

Jetzt war ich dabei, meine Heiterkeit zu verlieren. Bald würde ich nicht mehr die sein, die ich kannte. Ich war jetzt schon anders. James nahm meine Hand. Silvana, sagte er, noch sind wir nicht so weit. Schau, wir leben. Du lebst, ich lebe, die Kinder leben. Und wir haben Anne. Anne wird das Richtige tun. James bot mir Schutz. Ich fühlte mich geborgen bei diesem lustigen Kerl, der so albern sein und so herrlich fluchen konnte. Kein Schimpfwort, das meine Kinder nicht kennen.

Gibt es mal Krach zwischen uns, sagt James, es habe in der großen weiten Welt nur einen Mann gegeben, der Frauen versteht. Dieser sei leider an einem Lachanfall gestorben und könne sein Wissen nicht mehr teilen. Es ist jetzt nicht der beste Witz von James, aber er gibt so ungefähr die Richtung an.

Ich will Männer nicht verstehen. Nicht verstehen zu wollen ist manchmal ganz gut. Es macht das Leben leichter. Zu sagen, das ist jetzt so. Ich kümmere mich um die Kinder und um das Haus und fahre dann eben nicht zur Rugbyweltmeisterschaft, sagte James. Ach ja, das war ja auch noch. James sprach alles ziemlich gelassen aus, seine Stimme war wie eine einzige große Umarmung. Ich würde nicht sterben, allein schon wegen James. Seine Haltung, die Dinge nur halb ernst zu nehmen, ließ mich weniger schwer atmen. Er raubt mir mit seiner aufdringlichen Ruhe zwar manchmal den letzten Nerv, aber so sind eben die meisten Menschen aus diesem fremden Land: renitent und leicht anarchistisch veranlagt. Fürchterlich unängstlich, und pathologisch optimistisch. James denkt zum Beispiel bei jeder Fußballweltmeisterschaft, sein Land holt dieses Mal bestimmt den Titel. Aber sie qualifizieren sich oft nicht einmal. Stört James aber nicht, ihm reicht die Möglichkeit, dass es eines Tages so sein könnte.

Mit dieser gewissen, wie soll ich sagen, aufreizenden Lässigkeit ertrugen die Iren achthundert Jahre Knechtschaft. Sie waren die Ersten, die den Commonwealth verließen. Common Wealth, gemeinsamer Reichtum, was für eine Boshaftigkeit.

Ausgeplündert haben die Engländer uns, sagt James immer. Wir Iren haben nie Krieg geführt und Länder angegriffen, sagt er, ich habe noch nicht überprüft, ob das auch wirklich stimmt. Iren haben sich auf übersichtliche Positionen zurückgezogen. Auf die des Weltmeisters im eigenen Land. Wo Kelten kämpfen, schlägt sie keiner. In den gälischen Sportarten auch nicht. Sie pflegen merkwürdige Rituale und jagen zum Beispiel einen Lederball durch die Luft. Damit erinnern sie an mythische Vorfahren, die einst gegen einen Höllenhund antraten. So will es die Legende. Einen Iren ficht es nicht an, dass in dieser Sportart außer ihm niemand sonst antritt. Kaum geboren, ist der Ire Weltmeister.

Das gibt es, was übertriebenes Selbstbewusstsein betrifft, vielleicht noch im Rheinland, im heiligen Köln. Dort sind die Leute auch ziemlich gut auf sich zu sprechen. Es gibt da diesen Witz, dass die Kölner sich beim Herrgott beschweren, er habe allen Völkern der Welt eine eigene Sprache gegeben und die Kölner vergessen. Man muss wissen, dass die Leute dort sich von jeher immer benachteiligt fühlen, Hauptstadt war immer woanders, in Düsseldorf oder in Bonn. Der Kölner muss sich seine Herrlichkeit durch Humor hart erarbeiten. Joot, soll dem Vernehmen nach der liebe Gott gesagt haben, dann sprecht erst mal so wie ich. Also Kölsch.

Wenn man so will, ist der Ire der Kölner des Nordens.

James ist auch mit sehr vielen verwandt. Seine Sippe verteilt sich über die ganze Welt. Eine Großtante ist Nonne, ein Onkel Bischof, in Kalifornien. *Global prayer.*

Bin ich mit ihm unterwegs, geht es erst mal in einen Irish Pub, egal wo. Sind da Iren, also echte, das weiß man ja heute nicht mehr, diese Pubs werden mittlerweile auch von Sachsen oder Bayern geführt, Kleeblatt drauf und schon ist man Insel, fragt James erst einmal, von wo sie genau kommen und ob sie nicht vielleicht Teil seiner Sippe sind.

James ist auf jeden Fall altes Europa. Als Junge musste er noch Torf stechen. Zwei seiner Onkel sind Bauern. James half ihnen oft und ackerte. Er kann auch Schafe scheren. Einmal besuchten wir einen Ball, Smoking und Abendkleid. Plötzlich ein Anruf aus Irland, James führte sein Handy aus dem Saal, wichtiger Call, sagte er. Am Telefon seine Tante, sie stand gerade im Kuhstall. Eine Kuh kalbte; sie wusste nicht, was tun. Sie hatte weder ihren Sohn noch den Tierarzt erreichen können.

Es ist ein Akt für sich, wenn eine Kuh kalbt, man muss aufpassen, ob der Schleim schon blutig, die Fruchtblase zu sehen und der Muttermund schon offen ist. Man kann viel falsch machen. Presst die Kuh bereits mit ihren Bauchmuskeln? James' Tante wollte wissen, ob sie eingreifen sollte. Man kann schlimmstenfalls Beine brechen, wenn man zu sehr zieht. James konnte helfen, danach ging es weiter mit Crème brulée.

Sein Vater James, in der Familie heißen viele James, besaß einen Lebensmittelgroßhandel. Bis zur Kolonisierung des Landes durch Aldi und Lidl und Tesco belieferte er die benachbarten Gemeinden mit Zucker, Tee, trockenen Erbsen und vielem mehr. Anfangs noch mit Pferd und Kutsche, später mit einem Lastwagen. James immer dabei. Kam er nach Hause, wärmte er sich in der Küche auf. Das war neben dem Wohnzimmer der einzige Raum, in dem er nicht fror. James freut sich bis heute über unsere Zentralheizung.

Als ich eine bessere Vorstellung davon hatte, was jetzt alles passieren würde, von den Untersuchungen, der Operation, vielleicht einer Chemotherapie danach, wagte ich, daran zu denken, meine Töchter einzubeziehen. Das war drei Wochen nach der Diagnose. Drei Wochen, in denen ich für sie noch gesund war und mich sehr anstrengte, so zu tun, als sei alles wie immer. Wer geht mit dem Hund raus, wer räumt den Tisch ab, sind die Hausaufgaben schon gemacht? Mama, darf ich mehr Zeit am Handy?

James und ich wollten drei Kinder. Ich dachte, das wird unkompliziert. Ich hatte aber nicht mit mir gerechnet. Obwohl ich mir so sehnlich ein Kind gewünscht hatte, war mit der Geburt mein bisheriges Leben vorbei. Dachte ich damals. Eine krude Vorstellung, rückblickend, aber so war das damals.

Ich hatte mich akribisch vorbereitet, wie es meine Art ist. Freundinnen gefragt und Ratgeber gelesen. Wie ein Kind schlafen, liegen, essen lernt, dieser ganze Kram, mit dem die Optimierer heute Eltern in den Wahnsinn treiben. Perfekt wollte ich sein und nichts dem Zufall überlassen. Wir alle haben ja so Fantasien, dass wir das Leben im Griff haben. Und das Leben nicht uns.

Es wurde nicht so, wie ich mir das gedacht hatte. Ich wurde panisch bei jeder Erkältung, bei jedem Wehwehchen, mit jedem Fieber. Rannte dauernd mit dem Kind zum Arzt, dieser Flecken da, das ist doch Neurodermitis, oder? Solche Sachen. Irre, diese Angst, ich wusste gar nicht, wo diese Angst plötzlich herkam.

Du wirst Mutter? Wie wunderbar, sagten alle, herzlichen Glückwunsch. Leben schenken, da sein für andere, gibt es Schöneres? Niemand aber hatte mich auf die ersten Wochen nach der Geburt vorbereitet, pass auf, die werden krass. Vorher denkst du an die Wandfarbe des Kinderzimmers und ob du noch ein Mützchen brauchst, in hell. Wo das Kinderbett stehen soll und ob genug Windeln da sind; hast du schon ein Schwimmthermometer für die Badewanne? Und soll der Kinderwagen drei oder vier Räder haben, da gibt es ja auch verschiedene Denkschulen.

Das Blut ist untersucht, du gehst regelmäßig zum Ultraschall und siehst Baby beim Strampeln. Es bewegt sich, sehen Sie, hier, das Beinchen. Das erste Mal war ich ein bisschen enttäuscht, so als Feministin, ich wollte das Beinchen von einem Jungen sehen. Mädchen sind auch wunderbar, dachte ich, daraus werden aber Frauen, und die haben es später schwerer im Leben.

Ich nahm Vitamine und Mineralpräparate und arbeitete ein Buch durch mit vielen Vorschlägen für prima Namen. Bei uns war die Entscheidung relativ einfach, es sollte ein irischer Name sein und einer, den man aussprechen konnte.

Doch dann schreit das Kind. Du hast das Gefühl, dass deine Brust platzt. Die Brustwarzen sind gereizt und entzündet, die Milch schießt ein, wenn du sie nicht gebrauchen kannst. Dein Beckenboden ist hinüber. Und dann ist da noch Rektusdiastase, vorher noch nie davon gehört. Mittellinienbruch. Fast allen Frauen dieser Welt passiert das, nur wenige sprechen darüber. Es geht um die Bauchdecke. Die kann ihren Job nicht mehr machen, alles wegen dem glücklich glucksend neuen Leben. Der Spalt in der Mitte wird immer größer, das kennt man ja auch von der Gesellschaft. Zwischen einem bis zehn Zentimeter, manchmal reicht er vom Rippenbogen bis zum

Schambein. Es dauert eine Weile, bis das wieder zusammenwächst, was zusammengehört.

Doch alle sagen, ich freu mich so für dich, endlich Mutter. Ist doch bestimmt superschön? Dass du nach einer Geburt sechs Wochen Blutungen hast und alles wehtut, wissen nur die Wissenden. Eine Frau blutet einmal im Monat, die halbe Menschheit blutet einmal im Monat.

Kein Wunder, dass viele Frauen nach der ersten Geburt komplett durchdrehen. Die Geburt reißt eine Wunde. Wird der Blutverlust nicht gestillt, stirbt die Mutter. Bei der Geburt zu verbluten ist die weltweit häufigste Todesursache für Mütter. Auf 100.000 Geburten gerechnet, sind es, zum Beispiel in Deutschland sieben, in Marokko 70 und im Südsudan 1.150 Mütter, die eine Geburt nicht überleben.[11] Es gibt kaum Untersuchungen darüber, wie sich Frauen nach der Geburt fühlen. Wie viele eben auch darunter leiden und mit der neuen Situation erst einmal nicht zurechtkommen. Wochenbettdepression, sagt man oder Babyblues, das klingt nach einer Melodie. Wie vielen Müttern es so ergeht wie mir ist nicht so einfach festzustellen. Immer wieder neue Untersuchungen, immer wieder neue Studien. Mal sagt man, acht von zehn Frauen seien betroffen, mal fünfzehn von hundert. Dass da Daten fehlen, oder zumindest mir nicht bekannt sind, zeigt einmal mehr: Wenn es um ernsthafte Frauenprobleme geht, fehlen verlässliche Statistiken. *Only what matters gets measured*, heißt es im Englischen. Nur was wichtig ist, wird datentechnisch erfasst, so würde ich das mal übersetzen. Ist es wert, sich damit zu beschäftigen. Zu viele Fragen, die uns Frauen betreffen, sind es offenbar nicht wert, beantwortet zu werden.

Vielleicht wäre es ein Anfang, den Frauen zu sagen, dass die Zeit nach der Geburt schwierig ist.

James checkte, was los war. Er verfrachtete mich in den Keller. Schob eine Matratze neben die Waschmaschine und ließ sie laufen. James meinte es gut: Er wollte mir ermöglichen, mein Kind nicht mehr brüllen zu hören. Er gab mir noch Ohrstöpsel und wünschte eine gute Nacht. Als ich aufwachte, schrie mein Kind.

Guido

Und Guido stand vor der Tür. Er kam zehn Tage nach der Geburt meiner ersten Tochter. James und ich haben, was das Leben betrifft, eine eigene Zeitrechnung, b. c. und a. c., *before christ, after christ. Before children, after children.* Am Tage zehn a. c. also stand Guido Westerwelle in meiner Küche und staunte. Er kam aus einer Sitzung, ich aus dem Keller. Übergewichtig und noch immer nicht beim Friseur gewesen, die Strähnchen nicht nachgefärbt. Ich bin dunkelblond, machte mich damals aber gern heller. Guido war im Anzug, ich hatte Spuckflecken auf der Bluse und war frühen Nachmittag schon bettreif. Oder immer noch.

Guido strahlte. Schön bei euch. Er war Chef, und ich war Mutter. Guido wollte helfen. Er nahm sein Handy und tat, als sei das eine Puppe. Schau mal, was ich hier habe. Meine Tochter schrie, so ein Handy hatte sie noch nie gesehen. Sie ist noch klein, sagte ich. Guido kramte nach Kinderliedern, die waren auch in seinem Kasten drin. Lass mal, sagte ich, sie bekommt jetzt noch eben die Brust, und dann können wir kurz reden. Ich muss sowieso gleich wieder weg, sagte Guido.

Ich hatte keine Ahnung, was er wollte.

Wie nett, dass du vorbeikommst, sagte ich. Guido meinte, er habe sowieso gerade in Brüssel zu tun. Mein Bauch hing in Rollen runter, ich hatte Schmerzen beim Sitzen, ich hatte Schmerzen beim Gehen. Guido hatte auch was. Er beugte sich zu mir herüber. Silvana, hör mal: Es könnte sein, dass ich in den nächsten Tagen anrufe und dich frage, ob du unsere Spitzenkandidatin bei den Europawahlen werden möchtest. Du kannst ja mal anfangen, darüber nachzudenken, was du dann antworten würdest. Ich weiß gar nicht mehr, ob ich ihm etwas zu trinken angeboten habe, so überrascht war ich. Politik war für mich bis dahin eher ein Ehrenamt.

Guido war auch schnell wieder fort, es war auch nicht zum Aushalten mit dem schreienden Kind. Ich machte die Tür zu und dachte: Was war das denn jetzt? Spitzenkandidatin, ich weiß doch gar nicht, wie Wahlkampf geht. Ich kannte mich ein bisschen aus mit Wirtschaft, ich kannte mich ein bisschen aus mit Unternehmen. Cool, dachte ich, dass er mich das fragt, aber ich habe doch auch noch ein Kind. Aber ich hatte nicht studiert, um nur Mutter zu sein, James hatte nicht studiert, um nur Vater zu sein. Das wird ein Riesenspagat, sagte ich. Soll ich? *Grand*, sagte James. Auf Irisch bedeutet das: große Sache. Gut, machen. Mach das, Silvana. Ich bin ja auch noch da.

Ich wartete nicht, bis Guido anrief. Ich rief ihn an und sagte, falls du demnächst anrufst, kann ich dir jetzt schon sagen, dass ich Ja sagen werde. Das war zwei Tage später.

Parlament kannte ich. Mit 23 war ich während meines Studiums der Geschichte und Volkswirtschaft im Europäischen Parlament. Einmal, im Aufzug, bot mir ein deutscher Abgeordneter eine Stelle als Assistentin an. Alles Weitere könnten wir in seinem Apartment besprechen. Du gefällst mir, sagte er, schick mal deine Bewerbung mit Ganzkörperfoto.

Das war noch harmlos im Vergleich zu jenem Europaabgeordneten, der mir seine Hand unter die Bluse schob. Ein kurzer Moment, mein entsetztes Gesicht, was machen Sie denn da? Es folgten ein verlegenes Lächeln und der Versuch, die Sache herunterzuspielen. Na ja, sagte er, es ist eben schwer, sich bei so attraktiven Mitarbeiterinnen zu beherrschen. Mehr sagte er nicht, er meinte nur: Was machen wir jetzt? Der nächste Termin ist das gemeinsame Mittagessen mit einer Besuchergruppe, sagte ich in meinem Schock. Wir gingen vor die Tür und empfingen Gäste aus seinem Wahlkreis. Es gab Sauerkraut.

Der Mann muss heute um die achtzig Jahre alt sein und könnte sich langsam mal bei mir entschuldigen. Ich habe lange überlegt, ob ich seinen Namen nennen soll, ich mache es nicht. Damals hätte ich sein Tun öffentlich machen, damals hätte ich Journalistinnen anrufen und ihnen die Geschichte erzählen sollen. Vielleicht hätte es nur wenige interessiert, im Vergleich zu heute. Einem anderen Parteikollegen kostete ein ähnliches Ansinnen später seine Reputation, eine Journalistin hatte seine Gedanken mit Blick auf ihre Brust nebst altväterlicher Anwandlung festgehalten: »Sie können auch gut ein Dirndl ausfüllen.« Entsetzen bei den Liberalen; der Altherrenwitz führte zum Absturz eines bis dahin geschätzten Politikers, eine Netzaktivistin richtete auf Twitter einen Hashtag ein:

»Aufschrei«. Seitdem berichteten dort Frauen über alltäglichen Sexismus in Deutschland, das ist richtig und wichtig.

Ich erzählte anderen Praktikanten, was passiert war. Das kennen wir, sagten sie nur, es passiert ständig, da kann man nichts machen. Mach da besser kein großes Ding draus, du willst doch noch was werden.

All das geschah in einem eigentlich geschützten Raum. Ein Parlament ist schließlich die höchste Instanz der Demokratie. Sexismus aber war damals kein großes Thema. Eher etwas für hinter vorgehaltener Hand. Viele wussten, was los war, wenige kümmerte es. Abwinken, komm, es gibt wichtigere Themen, wichtig, aber nicht so wichtig. Erst 13 Jahre später wurde in einer sogenannten EU-Richtlinie der Tatbestand der sexuellen Belästigung definiert. Als »jede Form von unerwünschtem Verhalten sexueller Natur, das sich in unerwünschter verbaler, nicht-verbaler oder physischer Form äußert und das bezweckt oder bewirkt, dass die Würde der betreffenden Person verletzt wird, insbesondere wenn ein von Einschüchterungen, Anfeindungen, Erniedrigungen, Entwürdigungen oder Beleidigungen gekennzeichnetes Umfeld geschaffen wird«. 2019 dann beschloss das Präsidium des Europaparlaments einen »Kodex für angemessenes Verhalten«. 2021 schließlich wurden Vertrauenspersonen benannt, an die sich Opfer sexueller Gewalt wenden können.

»In der Erwägung«, so heißt es im entsprechenden Entschließungsantrag 2021, »dass sexuelle Belästigung eine Form der Gewalt gegen Frauen und Mädchen und eine extreme Form der Diskriminierung aufgrund des Geschlechts ist, von der Frauen und Mädchen unverhältnismäßig stark betroffen sind; in der Erwägung, dass geschlechtsspezifische Gewalt in der ungleichen Machtverteilung zwischen Frauen und Männern, in Sexismus und Geschlechterstereotypen verwurzelt ist, die zur Beherrschung und Diskriminierung von Frauen durch Männer geführt haben; in der Erwägung, dass es sich bei etwa neunzig Prozent der Opfer sexueller Belästigung um Frauen und bei rund zehn Prozent um Männer handelt.«[12]

Einmal, kurz vor Mitternacht, parkte ich mein Auto in einer stillen Straße, vor meiner Wohnung in Straßburg, als sich neben mir ein Mann aufbaute und masturbierte. Panik. Wenn ich jetzt die Hupe drücke, dachte ich, erwürgt er mich. Ich blieb regungslos sitzen, unfähig zu reagieren. Ich hielt aus, ich schaute nicht hin, ich wollte nur, dass es vorbei ist. Der Typ verschwand schließlich. Schlotternd lief ich zur Polizei, ich muss Ihnen was sagen, mir ist da was passiert. Nonchalance im Großstadtrevier, was der eine sich rausnimmt, geht dem anderen zu weit: Was Mademoiselle denn bitte melden wolle. Ob sie noch einmal, und noch einmal, und doch auch noch ein drittes Mal schildern könnte, was genau passiert sei. Warum eigentlich sind Sie nicht weggerannt? Die Beamten hatten offensichtlich Freude an meinem Besuch. Ich will nicht wissen, was die dachten.

Ich kenne zu viele Frauen, die Ähnliches erlebt haben, und ich bin so dankbar, dass immer mehr Frauen und auch Männer sexuelle Belästigung endlich öffentlich machen und ihr Bemühen auch endlich ankommt bei denen, die Verantwortung tragen. Die Polizei hat mittlerweile sogenannte kriminalpolizeiliche Fachdienststellen für Sexualdelikte geschaffen; hier hören Frauen zu, die erfahren sind und einfühlsam.

Es hat sich zwar schon viel getan, in den Polizeirevieren hängen kaum noch Penthouse-Kalender, es gibt geschulte

Beamtinnen, die zuhören, aber ob eine Anzeige wirklich zur Verfolgung einer Straftat führt, ist leider oft nicht genau zu sagen. Das räumen Polizeisprecher auch ein. In Hamburg, nur ein Beispiel, sei man mit der Verfolgung von Sexualstraftaten überlastet und gibt es auch offiziell zu: »Aktuell übersteigt die Anzahl der eingehenden Ermittlungsvorgänge die Sachbearbeitungskapazitäten der Mitarbeiter«, hieß es in einem schriftlichen Statement der Polizei im Februar 2022.

Die oft asozialen Medien haben die Probleme weiter verschärft. Sexistische, digitale Gewalt. Ein neuer Paragraf im Strafgesetzbuch stellt »verhetzende Beleidigungen« unter Strafe; zum Schutz der Menschen, die wegen Zugehörigkeit zu einer bestimmten Gruppe beschimpft werden, wegen einer Behinderung, ihrer Herkunft, ihrer Religion, ihrer Weltanschauung oder sexueller Orientierung. Von Frauen ist in Paragraf 192a bisher nicht die Rede. Wird bestimmt irgendwann auch noch mal geändert. Oder ergänzt.

Das »Gesetz zur Änderung des Strafgesetzbuches – Verbesserung des Schutzes der sexuellen Selbstbestimmung«, ausgegeben zu Bonn am 9. November 2016, trat ja schließlich auch eines Tages in Kraft. Darin steht unter anderem, »bei sexuellem Übergriff oder Nötigung« drohe eine Gefängnisstrafe von sechs Monaten bis fünf Jahren.[13]

Sexuelle Belästigung, Vergewaltigung, Missbrauch: Wir beginnen gerade erst, Begriffe zu finden, Wörter für das Ungeheure, das so normal zu sein scheint. Für mich ist das Terrorismus. Terroristen werden anders bekämpft. Härter. Entschiedener. Terror ist mehr.

Ich bin im vergangenen Jahrhundert geboren, da gingen solche Verbrechen noch als Kavaliersdelikt durch.

Mehr Party wagen

Viel falsch machen konnte die FDP mit mir nicht. Bei den Europawahlen zuvor waren wir immer an der Fünf-Prozent-Hürde gescheitert. Was sollten sie verlieren, wenn ich es nicht schaffe?

Frauen kommen dann ins Spiel, wenn das Verlieren wahrscheinlicher ist als das Gewinnen. So wurde zum Beispiel Angela Merkel Parteivorsitzende; doof nur, aus Sicht so mancher Männer, dass sie es 18 Jahre blieb. Und das Spiel umdrehte. Jacinda Ardern, weltweit beliebte Premierministerin Neuseelands, bekam auch erst eine Chance, als zu viele männliche Kandidaten ausfielen. Also Silvana, wir schicken die mal ins Rennen, ist mal was anderes. Die hat Schwung, die hat Drive, die ist Generation Europa, kennt sich ja auch schon aus im EU-Brüssel. Sonst immer nur alte Männer, jetzt mal junge Frau.

Geld für den Wahlkampf gab es kaum, niemand rechnete mit einem Erfolg. Die Ausgangslage: bisher kein politisches Mandat, wenig Erfahrung in der Politik. Dafür neu. »Erotisch, intelligent, kreativ und sympathisch«, schrieb der *stern*. Werber kamen dazu, aus der sogenannten Kreativabteilung der FDP, in der von vielen verschiedenen Agenturen pro bono Marketing entwickelt wurde. Wirrste Ideen. Es war die Zeit, als Politik meinte, sich anders präsentieren zu müssen, nahbarer werden wollte, jünger und unterhaltsamer. 13 Jahre nach der Wiedervereinigung war Deutschland im Großstadtrausch und das beschauliche Bonn am Rhein Geschichte. Jetzt war Berlin-Mitte.

Das Parlament kein Wasserwerk, sondern Kreation vom Star-Architekten. Glaskuppel und neue Transparenz. Die Republik klotzte. Der Chef bekam ein Großraumbüro, das ganze Regierungsviertel neu. Kanzler Schröder, immer wieder verheiratet, immer wieder geschieden, kokettierte mit vier Trennungen und meinte jovial, er sei der Audi-Kanzler mit vier Ringen. Brioni-Anzug und Cohiba Lanceros. Joschka Fischer, mal dick, mal dünn, machte Körper zum Thema und schrieb ein Buch übers Joggen. Berlins regierender Bürgermeister trank Schampus aus einem roten Schuh.

Die Strategen und Wahlkämpfer aller Parteien fuhren in die USA, um sich dort Ideen zu holen. Von Demokraten, von Republikanern. Mehr Party wagen war eine der Empfehlungen. Personalisieren, das Ganze. Auch Gefühle müssen dabei sein. Deutschland verstand. Sie kennen mich, sie lieben sich, ein Feuerwerk der guten Laune: verknallter Verteidigungsminister mit neuer Flamme planschend im Pool, total verliebt auf Mallorca. Nächste Stufe: Homestorys und Haare, auch gut. Als eine Autovermietung Angela Merkel in einer Anzeige eine Sturmfrisur verpasste, lud Guido Westerwelle sie zur Cabrio-Fahrt. Das war neu, das war irre: Die Chefs der bundesdeutschen Opposition reagierten auf Reklame, Fahrt ins Glück. Halligalli allerorten, Schenkelklopfen, Spaßgesellschaft.

Für Europa hatten sie mich. Prominent platziert und gut ausgeleuchtet, Make-up. Die Jungs wollten mich beim Joggen zeigen und glitzernd im Abendkleid. Wild und gefährlich in engem T-Shirt mit Boxhandschuhen, Mähne ungezähmt. Vor der Grünen-Zentrale sollte ich öffentlich Genmais essen, mich am Brandenburger Tor neben eine mit Europafarben bemalte

Kuh stellen. Oder als Freiheitsstatue verkleiden. Als ich protestierte, meinten die Werber nur: Der Köder muss dem Fisch schmecken, nicht umgekehrt. Das kannte ich vom Angeln. James sagt mir übrigens, Fliegenfischen geht am besten mit Forellen. Die großen Fische behält er, die kleinen wirft er zurück ins Wasser.

Auf dem FDP-Bundesparteitag wollte man mir, gerade Mutter geworden, einen riesigen Schnuller schenken. Ich wollte nicht. Zum Glück lernte ich Coordt von Mannstein kennen, einen Werbefachmann der alten Schule. Er hatte die Wahlkämpfe für Helmut Kohl organisiert und verpasste mir einen klassischen Juristinnen-Look, blauer Anzug, weiße Bluse, Perlen-Ohrringe. Nun denn. So saß ich im Fernsehen, so füllte ich Doppelseiten. Eigentlich prima für eine so alte Partei; aber ich merkte, wie die Parteifreunde, so sagt man ja, langsam komisch wurden. Neidisch fast, ich zog sehr viel Aufmerksamkeit.

Ich musste ein Gefühl dafür entwickeln, was ich alles falsch machen konnte, in Haltung und Gestik und der Betonung von Sätzen. Eigene Gedanken, eigene Vorstellungen waren im Prinzip erlaubt, sofern sie zum Parteiprogramm passten. Aber auch nicht übertreiben. Anfangs dachte ich noch, man würde meine Art schätzen oder meinen Lebensweg. Das ist Silvana Koch-Mehrin, neu bei uns, sehr fleißig, die Haare sind echt. Zwinker, zwinker.

Ich musste zusehen, wo ich blieb. Ich versuchte zu verstehen, ich versuchte, mich zu verhalten. Politik, so erklärte ich es mir und anderen immer wieder, sei wie Leben unterm Mikroskop. Die Dinge erscheinen größer, als sie es sind. Du wirst zu einer Projektion. Man stellt sich was vor. Die Erfolge, die Niederlagen, die Häme, der Hass, um all das auszuhalten, musst du dich innerlich kleiner machen, deine Angriffsfläche verkleinern, dich schützen und deinen Gefühlen keine Bedeutung beimessen.

Wahlsieg

Sensation. Silvana Koch-Mehrin führt die FDP nach Europa zurück. Nach zehn Jahren wieder im Parlament in Brüssel. Damit hatten die wenigsten gerechnet. Ich auch nicht. Glückwunsch, Kameras, Fernsehen. Die strahlende Siegerin, beim ersten Antritt gleich geliefert, mit 33 Jahren.

Es war ein harter Kampf. Einmal, in Rostock, bei einem Wahlkampfauftritt, warf man mit Tomaten nach mir, niemand, der mich beschützte. Die Leute kommen dir ja ziemlich nah, ein Foto hier und ein Foto da. Du weißt nie, wer vor dir steht und was er in Wahrheit will. Ich musste immer an Oskar Lafontaine denken, ihm war im Wahlkampf ein Messer in den Hals gerammt worden. Oder an den Angriff auf Wolfgang Schäuble, trotz Sicherheitskräften. Es war jedes Mal ein innerliches Aufatmen, trat ich heil von der Bühne ab.

Im Internet tobten sich Spanner aus, eine Sammlung tauchte auf mit Fotos meiner Füße, mal in Sandalen, mal in Stöckelschuhen. Fuß-Fetischisten. Später kamen Beleidigungen hinzu. Einer schrieb mir täglich, in Abänderung eines Satzes von Guido Westerwelle: »Auf jedem Schiff, das dampft und segelt, ist einer, der die Schlampe vögelt.« Ein anderer meinte, man solle meine Schamlippen an die Stadtmauer nageln.

Ich kann heute nur allen raten, die in der Politik unterwegs sind, nicht selbst ins Internet zu schauen, zumindest, was Social Media angeht, sondern das im Team zu machen, mit Freiwilligen oder Mitarbeitern. Allein ist es zu krass, und es geht massiv aufs Gemüt. Eines Tages wurde die Polizei doch eingeschaltet, ein bisschen jedenfalls. Ein Mann drohte damit, meinem Kind die Finger abzuhacken. Ein anderer schickte über Jahre Briefe mit anzüglichen Bemerkungen und Marienkäfern auf dem Umschlag.

Mich beschäftigten aber auch Argwohn und Missmut der Parteifreunde. Wenn man das so nennen will. Als es um die Wahl des Bundespräsidenten ging, meinte einer, es sei in Ordnung, dass nur gewählt werden könne, wer mindestens vierzig Jahre alt sei. Für eine Frau allerdings müsste es heißen: bis vierzig Jahre, maximal. Weil sie sonst zu alt aussehen würde. Das sei schließlich ein repräsentativer Job. Fragten mich Journalisten, dann gern was zu meinen Haaren. »Wenn ich ein Thema von der Titelseite werfen will«, sagte mal Hillary Clinton«, »muss ich nur meine Frisur ändern.«

Ich bekam eine Kolumne im Trucker-Fachblatt *Der Fernfahrer*. Für mich war es an der Zeit, dieses Europa nachvollziehbarer zu machen, verständlicher. Mich begeisterte Europa als Friedensprojekt, und man sieht ja heute, dass das immer noch eine gute Idee ist. Ich sagte also: Europa ist super, ich liebe es, *vive l'Europe*. Die Jungs in der Zentrale pfiffen mich zurück. Wir müssen Wahlen gewinnen, sagten sie. Wir sind nicht die Bundeszentrale für politische Bildung, Silvana, du musst mehr angreifen. Europakritik ist eine Nische, da sollten wir rein, das müssen wir besetzen. So bekommen wir Stimmen, wir haben da mal eine Umfrage gemacht, was bei unseren Wählern ankommt, du hast ja recht, Europa ist eine tolle Sache, aber wir müssen zeigen, dass wir anders sind. Also, Silvana, sag mal öfter, die Europäische Kommission raubt uns die Freiheit.

Auf in den Kampf: mit Worten, die Angst machen. Europa also eine Öko-Diktatur. Diktatur kommt immer ganz gut in solchen Reden, das macht richtig Angst. Das hörten wir in Coronazeiten ja auch ständig.

Ich dachte, nun gut, sie werden sich schon was dabei denken. Wenn sie mir sagen, was ich sagen soll. Das sind die Rituale meines Stammes, dachte ich damals, das gehört dazu. Der andere ist dein Gegner, das Leben ein Kampf. Lauerstellung, Stellungskrieg, Schlagabtausch. Es hieß Wahlkampf, nicht Wettbewerb. Es geht nicht um den Austausch von Argumenten, sondern darum, Meinung verzerrt darzustellen. Es geht um gewolltes Falschverstehen und mutwilliges Fehldeuten. Ich war auf Kurs.

Hans-Dietrich Genscher kam später zu mir und meinte, Sie können ruhig auch mal etwas Gutes über Europa sagen.

Glass Cliff

Ich hatte mich ins Getümmel geworfen, es hatte sich gelohnt. Madame Kosch-Märän, *six points*. Über sechs Prozent für die FDP bei den Europawahlen. Ich stürmte die Charts, die große

Blonde ein Exportschlager. Für Guido war es das Risiko wert gewesen, James freute sich, meine Eltern auch.

Meine eigene Freude währte nur ziemlich genau vier Minuten. So viel Zeit verging vom Jubel nach der ersten Prognose bis zu einem Überfall, der wie aus dem Nichts kam. Anruf eines Parteikollegen. Gut gemacht, Silvana, sagte er zur Begrüßung. Er war auch gerade ins Europaparlament gewählt worden.

Silvana, meinte er, nur damit wir da klar sind: Wir anderen haben besprochen, wie wir die neue Fraktion aufstellen. Du hast einen guten Wahlkampf gemacht, aber jetzt geht es um die wirkliche Arbeit. Du willst ja eigentlich keine inhaltliche Arbeit machen. Daher werde ich für die FDP ins Präsidium gehen, ein Kollege macht den Vorsitz im Europäischen Parlament, du kannst ja weiter das Gesicht der FDP in Deutschland sein. Mach's gut, sagte er, dann war er weg.

Ich war Spitzenkandidatin, ich hatte gewonnen, ich hatte ein Anrecht auf die Führung der Fraktion, ich sollte auch offiziell ins Präsidium der FDP aufrücken. Aber das Patriarchat schlug zurück.

Ich sehe das nicht so, sagte ich oder so ähnlich, nee, definitiv nicht. Das Abbügeln dieser Kampfansage war in wenigen Sekunden nicht möglich, ich musste weiter, in der FDP-Zentrale warteten die Journalisten. Grelles Licht, Scheinwerfer an, wir sind auf Sendung, bitte. Muss doch ein großartiges Gefühl sein, Frau Koch-Mehrin. Auftritt FDP-Spitzenkandidatin, ja, hallo. Lächeln angeknipst.

Erst mal Glückwunsch, wie geht es weiter? Sie haben einen großen Vertrauensvorschuss bekommen, wie gehen Sie nun damit um?

Ich trat einen Schritt zur Seite und wandte mich ans Publikum. Ganz ruhig blickte ich in die Kamera, ich holte tief Luft. Ach, wissen Sie, sagte ich, ich hatte da gerade ein Gespräch mit einem sogenannten Parteifreund, darin teilte er mir seine Geringschätzung mit, es war so ziemlich unter aller Kanone, verstehen Sie? Ich weiß ja nicht, wie Sie sich fühlen würden, wenn Sie alles gegeben haben und dann am Ende merken, dass Sie die ganze Zeit von Ihren Leuten nur benutzt und verarscht worden sind, entschuldigen Sie die Ausdrucksweise. Ich muss mich jetzt erst einmal sammeln, da ist gerade etwas passiert, das hatte ich nicht auf dem Zettel. Öffentliches Bild, Selbstwahrnehmung, Neid und Missgunst und irgendwie auch Missbrauch, ich selbst daran nicht unbeteiligt, ich habe mir ja auch gefallen in dieser Rolle, ich habe Klischees bedient, wir könnten jetzt lange darüber sprechen, es wäre sehr interessant und sehr aufschlussreich und vielleicht würden wir beide jetzt etwas lernen, wie wir mit uns und anderen umgehen, wie wir entwerten und diskreditieren und gering schätzen. Wie hoch aggressiv so manches Verhalten ist, obwohl es auf leisen Sohlen daherkommt, Verständnis heuchelnd.

Ich fühlte mich gut. Endlich hatte ich es gesagt. Hatte gesagt, wie es mir wirklich ging. Hatte gesagt, was ich dachte. Zum Ausdruck gebracht, wie ich mich fühlte.

Nichts davon war wahr. Ich hatte es nicht getan.

Silvana Superstar, die mit den ganz hohen Schuhen, sagte brav, was man so sagt, was wir immer hören, was wir immer sehen, im Fernsehen und sonst wo. Ja, danke, ich bin überwältigt, so viel Zuspruch, wir haben auf die richtigen Themen gesetzt, ein großer Moment für mich und meine Partei, Dank an alle, grandioses Team.

Mir war schlecht.

Ich erreichte Guido auf dem Handy und sagte, mach das weg. Ich meldete mich in den Landesverbänden meiner neu gewählten Kollegen und fragte, was geht denn hier ab, ich schmeiße hin. Bin ich eure Deko?

Silvana, bitte, sagten sie, jetzt keine voreiligen Schlüsse, wir klären das. Das letzte Interview war um Mitternacht. Mein Abend war gelaufen.

Ich wusste, ich würde diesen Angriff abwehren. Ich hatte die großen Jungs hinter mir, allen im Präsidium war klar, was das für eine Dynamik bekäme, würde ich direkt zurücktreten. Es wäre gewesen wie eine Scheidung sofort nach der Hochzeit. Am nächsten Tag, in der Präsidiumssitzung und nach einem großen Blumenstrauß, war klar, dass ich entscheiden konnte, wie es weitergeht. Ich wusste aber auch, dass ich keine Feinde von außen mehr brauchte, wenn ich solche Parteifreunde hatte. Ich richtete mich auf fünf anstrengende Jahre ein.

It's the patriarchy, stupid. Ich denke, wir alle haben noch nicht wirklich verstanden, wie jahrhundertelanges patriarchalisches Denken uns immer noch leitet, wie sehr unser Leben immer noch allein aus einer männlichen Perspektive bestimmt wird. Da gibt es zum Beispiel Max Weber, den Soziologen. Seine Schriften sind bis heute ein wichtiger Referenzpunkt, garantiert werden sie in einer Diskussion über das Wesen von der Politik und ihren Politikern irgendwann zitiert. Also darf das auch hier nicht fehlen. »Politik als Beruf« heißt seine große

Rede aus dem Jahr 1919. Machtstreben von Politikern, entfalte es sich nicht für eine »Sache«, könne zum »Gegenstand reiner persönlicher Selbstberauschung« werden. Seine Betrachtungen galten nur Männern. Frauen in der Politik waren für ihn kein Thema. Die Geschichte der Menschheit ist eben eine Männergeschichte. Von Männern geschrieben, über Männer geschrieben. Frauen sind meist eher für das Private zuständig, Männer für die Macht und die Finanzen, immer noch. Adam Smith, auch er wird gern zitiert als Wegbereiter der sozialen Marktwirtschaft, ein Mann, der unser Denken über ökonomische Zusammenhänge bis heute prägt und dessen Thesen als »Volkswirtschaftslehre« an Universitäten gelehrt werden, beschrieb Arbeit nur aus männlicher Perspektive. Die einzige Frau in seinem Leben war seine Mutter, sie kochte, sie putzte, sie bügelte für ihn. Noch als erwachsener Mann lebte er unter ihrem Dach. Ihre Arbeit und ihre Fürsorge werden in seiner Theorie über den »Wohlstand der Nationen« mit keinem Wort erwähnt.

Bis heute kämpfen wir Frauen darum, dass diese Arbeit endlich auch finanziell anerkannt wird, in der Berechnung der Rente, in der Berechnung eines Gehalts.

Hätte ich die Wahl verloren, hätten die Männer gesagt, so musste es ja kommen. War ja klar, eine Frau. Ich hatte aber gewonnen, und sie hatten ein Problem.

Alle, die was zu verlieren hatten, ob an politischer Reputation oder an Posten, hatten vorher abgewunken und standen für diesen Job nicht zur Verfügung. Hast du einen Opa, schick ihn nach Europa, hieß es damals. Die Opas aber waren dafür nicht zu haben, Europa war eine Art Diaspora, das politische Spitzenpersonal der FDP sollte sich bereithalten für höhere Weihen im Bund. Man wollte irgendwann wieder in die Bundesregierung und konnte sich dort keine Loser leisten.

Also schickten sie mich ins Rennen, weil weder sie noch ich am Ende dafür hätten geradestehen müssen. Das Risiko mit mir war gering, ich hatte nicht viel zu verlieren, Mutter, soll sich lieber um ihr Kind kümmern. Ein Versuch, mehr nicht. Und die anderen hätten sagen können, genau das, wir wussten es vorher. Wir geben unser Bestes, Frauen eine Chance zu ermöglichen, sie machen nur nichts daraus.

Was ich erlebte, erleben viele Frauen in Führungspositionen. Ich fragte Freundinnen, ob sie ähnliche Erfahrungen machten, in ihren Unternehmen, auf ihren Positionen. Ob auch sie entgegen jeder Erwartung vor allem der männlichen Kollegen eine verantwortliche Position erreichten, die man ihnen eigentlich nicht zutraute. Um dann, in steiler Höhe, mit Aufgaben betraut zu werden, die ein Mann so schnell nicht annehmen würde, weil das Scheitern sehr wahrscheinlich ist. Die britischen Soziologen Michelle K. Ryan und Alexander Haslam prägten für dieses in Wirtschaft und Politik weitverbreitete Phänomen den Begriff *glass cliff*. Als den Moment auf einer Klippe, mit dem Wissen, dass ein Sturz jederzeit möglich ist. Und du in jedem Moment damit rechnen musst, dass hinter dir einer ist, der dich schubst.

Erst nach vorn. Dann nach unten.

Gekommen, um zu bleiben

Ich hielt mich. Und Guido Westerwelle zu mir. Ich wurde Vorsitzende der FDP im Europäischen Parlament, stellvertretende Fraktionsvorsitzende der europäischen Liberalen und ins FDP-Präsidium berufen. Mit geliehener Autorität, das war mir und allen anderen auch klar. Wann immer Guido über die FDP im Europäischen Parlament sprach, sagte er: »Ich freue mich, dass die deutschen Liberalen mit sechs gut aussehenden Männern und einer intelligenten Frau bestens vertreten sind.«

Das war seine Art, mit den Dingen umzugehen. Er wusste selbst, wie sich Demütigung anfühlt. Ein Jahr zuvor hatte ihn der damalige SPD-Fraktionsvorsitzende Franz Müntefering im Bundestag übel attackiert. Er lieferte ihn dem Gespött aus, in Anspielung auf seine Homosexualität, zu der Guido nicht viel sagen wollte, warum auch, seine Sache. »Wenn ich Herrn Westerwelle höre«, rief Müntefering, »dann sehe ich Frau Thatcher schon ihr Handtäschchen schwingen.«

Das Sitzungsprotokoll vermerkte »Heiterkeit und Beifall« bei den Regierungsparteien. Guido reagierte rasch, schnappte sich die Handtasche einer Kollegin und hielt sie hoch, »Heiterkeit im ganzen Hause«. Es mag eine lustige Geste gewesen sein, kann sein. Es war sein Versuch, Zeit zu gewinnen und die Kränkung zu überspielen. Appeasement, Beschwichtigung. Schlagfertig, statt wirklich zu schlagen.

Die Männer aber hatten ein Problem mehr. Mich. Die liberale Fraktion im Europäischen Parlament stellte hundert Abgeordnete aus fast allen Ländern der Europäischen Union. Ich war die erste stellvertretende Fraktionsvorsitzende. Ich arbeitete viel und las mich in immer wieder neue Themen ein, unbekanntes Land. Ich eroberte es mir mit Fleiß und Akribie, man muss in die Details gehen und doch den Überblick behalten. Mein Bemühen war immer mit dem Versuch verbunden zu verstehen, was für wen wichtig war und warum. Mein Job war es, Abstimmungen so vorzubereiten, dass die Stimmen unserer Fraktion, der drittstärksten im Parlament, möglichst zuverlässig entlang der Fraktionslinie abgegeben wurden. Das war notwendig, damit man mit den anderen Fraktionen verhandeln konnte. Ich würde das ganz gut machen, sagten die Kollegen aus dem Ausland.

Wann macht ein Politiker die Dinge eigentlich richtig und einen guten Job? Es gibt keine objektiven Kriterien. Ist es die Menge der parlamentarischen Anfragen? Sind es erfolgreiche Textänderungen in Gesetzesentwürfen? Die Zahl der Reden? Viele Interviews, Bürgergespräche, Besuche von Feuerwehrstationen oder Berufsgenossenschaften? Wer bewertet, wer entscheidet nach welchen Kriterien über den Auf- oder Abstieg?

Das Unwägbare, das Diffuse, das Unfassbare unterscheidet die politische Karriere von anderen Aufgaben. Du kannst einen Beruf wählen und dich für eine Aufgabe ausbilden lassen. Über die Jahre haben sich Kriterien entwickelt, wie die Erfüllung dieser Aufgabe gemessen und bewertet wird. Jeder Bäcker ist ein guter, wenn er viele Brötchen verkauft, nicht nur die kleinen. Jede Konzernlenkerin gilt als erfolgreich, wenn sie das Betriebsergebnis jedes Jahr steigert. Und die Betriebsräte kümmern sich, dass es einigermaßen gerecht zugeht beim Geldverdienen, so zumindest sollte es sein.

Politik aber ist Leiharbeit mit befristetem Vertrag. Du bist abhängig von Stimmungen und Gefühlen, du lieferst dich aus, du bietest dich an, du biederst dich an, könnte man auch schreiben. Natürlich ist die Versuchung groß, das zu sagen, was die Leute hören wollen. Vor allem in einer von Konsum und Glücksversprechen geprägten Gesellschaft. In den Parteizentralen wird kalkuliert, welche Sätze wie ankommen, jede Parteizentrale ist auch ein Rechenzentrum.

Kinder und Jugendliche spielen dabei selten eine Rolle, sie dürfen nicht wählen. Dürften sie wählen, wären die Sätze anders. Dann würden sich Politikerinnen und Politiker auch an den Interessen der jüngeren Generation orientieren. Derzeit machen sie eher Politik für die Älteren. Davon gibt es in Deutschland sehr viele, und diese Klientel geht auch wählen.

Würde es endlich ein Wahlrecht für Menschen ab 16 Jahren geben, wir brauchen es dringend, hätten wir eine andere Republik. Jedes Kind verdient eine Stimme, erst einmal vertreten durch die Eltern. Eine Familie mit vier Kindern würde dann im besten Fall sechs Stimmen abgeben können.

Es wäre an der Zeit. Kinder sind nicht die Zukunft. Kinder sind die Gegenwart.

Greta

Es gibt eine neue Kriegsgeneration. Es ist die Generation meiner Töchter und ihrer Freunde; sie wachsen auf in dem Gefühl, dass es vielleicht zu spät ist für die Rettung des Planeten. Sie werden groß mit Horrornachrichten über den Zustand der Welt. Dieser Generation wird gerade schmerzlich bewusst, welchen Krieg wir Menschen gegen die Natur führen. Wir Älteren mögen die Konsequenzen vielleicht nicht so sehr spüren, vielleicht sind wir auch ein wenig abgestumpft oder relativieren gern und schnell. Aber die Klimakrise trifft die neue Kriegsgeneration mit voller Wucht.

Doch diese Generation weiß, was getan werden muss, jetzt und sofort, sie geht auf die Straße, laut und fordernd, sie ist verzweifelt und mutig und erschöpft und vielleicht noch voller Hoffnung. Mein Respekt für die Klimabewegung Fridays for Future. Greta Thunberg, ihre internationale Repräsentantin, ist eine der wahrscheinlich weltweit meistgehassten Frauen. Stoisch erklärt sie, was Sache ist. Sie sagt es immer wieder. Dass wir vor der Klimakrise Angst haben und darüber in Panik geraten sollen. Dass wir über unsere Verhältnisse leben und unter unseren Möglichkeiten.

Sie hat so recht. Ich bin Mitglied in einer nihilistisch veranlagten Telegram-Gruppe, wenig Frauen, mehr Männer. Männer in, sagen wir mal so, guten Positionen. Wir tauschen uns über aktuelle politische Themen aus. Und ich wundere mich immer wieder, wie sich die Jungs an Greta abarbeiten. Ihre Entschiedenheit diskreditieren, ihre Ernsthaftigkeit, ihre Wut. Auf die Verwüstung der Welt, die Macht des Geldes, auf Lug und Trug. Dass wir Menschen immer neue Risiken eingehen, die uns und dem Planeten nicht guttun. Greta sagt nur, was Wissenschaftler auch sagen, längst sind auch ihre Sätze überholt von nüchternen Bestandsaufnahmen wie jener der UNO-Behörde UNDRR, die sich mit *disaster risk reduction* beschäftigt. Im jüngsten Bericht, der wegen der Ukraine-Krise nicht die notwendige Aufmerksamkeit erhielt, Angst toppt Angst, wird ein weltweites »Kollapsszenario« beschrieben und ein Zusammenbruch aller staatlicher und wirtschaftlicher und gesellschaftlicher Ordnung. Nicht dort, wo es schon geschieht, in vermeintlich fernen Ländern, sondern dort, wo vermeintlich Wissen und Wohlstand herrscht.[14]

Der US-Klimabeauftragte John Kerry spricht, was die zögernde Haltung so vieler angeht, von einem »Selbstmord-Pakt der Gleichgültigkeit«. So viele, scheinbar erwachsen, haben sich längst von sich selbst verabschiedet. Und möchten uns hineinziehen ins lähmend Bequeme. Viele Leute wollen nur noch Sonne, und dass die Welt dabei versengt, ist ihnen so lang egal, bis der Hautarzt kommt. Das Tempo der Welt verbrennt nicht nur Wälder, sondern auch uns.

Die Teilnehmer meiner Telegram-Gruppe sind nur ein Beispiel, es sind Männer in ihren Vierzigern, oder ein bisschen älter. Sie stört, dass sich da eine junge Frau so selbstbewusst in die Weltpolitik einmischt. Mit klarer Haltung und eindringlichen Worten. Greta Thunberg ist für sie fast zu einem Hassobjekt geworden. Diese Männer tragen Verantwortung, führen Firmen, treffen Entscheidungen und sind erfolgreich. In ihrem Selbstverständnis sind sie es, die etwas zu sagen haben. In dieser Rolle gefallen sie sich. Doch plötzlich stellt Greta Thunberg ihre vermeintlich selbstverständliche Kompetenz und Macht infrage, bestimmt Debatten und mobilisiert Menschen weltweit. Sie sagt, was sie denkt: *How dare you?* Was fällt euch ein, wie könnt ihr es nur wagen?

Greta Thunberg hat Angst. Aus der Angst heraus, uns wirklich damit beschäftigen zu müssen, was ist, endlich radikal zu denken und handeln, verniedlichen wir. Nehmen nicht ernst, und nehmen übel. Der US-amerikanische Umweltaktivist Derrick Jensen sagt:»Es wäre ein Irrtum zu glauben, dass unsere Zivilisation nur Wälder kahl schlägt. Sie tut dasselbe mit unserer Psyche. Es wäre verfehlt zu glauben, dass sie nur Flüsse mit Dämmen verbaut. Sie errichtet auch in uns Dämme. Es wäre verfehlt, dass sie nur in den Meeren tote Zonen erzeugt. Sie schafft tote Zonen in unseren Herzen und in unseren Köpfen. Es wäre verfehlt zu glauben, sie würde nur Habitate zerstückeln. Auch wir werden zerstückelt, zertrennt, zerfetzt, zerrissen und zermalmt.«[15]

Wir sprechen von »Umwelt«, als seien wir nicht Teil der Natur. Großzügig und gönnerhaft so viele Kampagnen: Tun Sie was für Ihre Umwelt, sie wird es Ihnen danken. Einen Dreck wird er tun, unser ächzender Planet. Wir wollen, dass die Probleme verschwinden, ohne dass wir darüber reden, wer sie verursacht. Wir wollen unser Leben nicht ändern, wir dünken uns im Guten, wir verwenden Wörter wie »nachhaltig« und fühlen uns sauber. Auch so ein Zauberwort, das der Beruhigung dient. Der Ablenkung von dem, was eigentlich ist. Ölkonzerne werben mit Windrädern, Getränkekonzerne, die in Afrika Brunnen leer pumpen, bei uns mit dem Schutz von Trinkwasser. Atomkraft und Erdgaskraftwerke: Die Europäische Kommission deklariert diese Technik als nachhaltig. Keine Firma ist nach dem deutschen Aktienrecht dem Klimaschutz verpflichtet, es gilt nur der Shareholder-Value, der größtmögliche Gewinn für den Aktionär. Noch immer wiegeln wir ab und wollen nicht wissen. Wir verschleiern die Wahrheit mit solch tumben Sätzen, mit der einen oder anderen Maßnahme »CO_2 zu sparen«, wie es so gern heißt. In Wirklichkeit verschmutzen wir weiter, vielleicht ein bisschen weniger, aber wir hören eben nicht auf. Es ist, wie auf einen Menschen zu treten, der am Boden liegt. Und dann stolz zu sein, dass man ihm mit ein, zwei weniger Tritten Leid erspart, wenn er längst ohnmächtig geworden ist.

Greta spricht von dieser Ohnmacht. Sie drückt aus, was viele fürchten, es ist die Angst einer Generation. Sie ist ein Geschenk des Himmels, doch wir lassen den Himmel lieber einstürzen. Und die großen Jungs machen Greta zu einer kleinen Rotzgöre, die ihre Party sprengt.

Ich frage sie dann, ob sie mir mal ein Problem nennen könnten, an dem privilegierte Männer nicht schuld sind. Und sie sagen: nix. Sprachlosigkeit. Man könnte fragen: Gibt es eigentlich sehr viele weibliche Massenmörderinnen? Wer schreibt Geschichte, wer macht die Gesetze?

Ich kann die Wut und die Verzweiflung dieser Kriegsgeneration so gut nachvollziehen, ihre Angst, dass die Welt, wie wir sie kennen, bald so nicht mehr existieren wird. Und doch versuchen mächtige Leute, ihnen ihre Angst auszureden, sie nicht ernst zu nehmen, habt euch nicht so, Klimakatastrophen gab es schon immer und Vulkanausbrüche erst recht.

Es liegt in unserer Macht, die Welt besser zu machen, und da kann Angst manchmal ein guter Ratgeber sein, vor allem, wenn wir sie nutzen, endlich entschieden zu handeln. »Climate action failure«, das Scheitern der Anstrengung, dem Klimawandel wirksam zu begegnen, ist die größte Sorge aller Beteiligten beim Weltwirtschaftsforum in Davos. Mit jedem neuen Jahr werden die Verantwortlichen aus Politik und Gesellschaft gefragt, was ihnen am meisten Angst bereitet. Und jedes Jahr geben sie die gleiche Antwort: »Climate action failure«. Es macht mich wahnsinnig: Da sagen jene, die verantwortlich sind für die Klimakatastrophe und die wirklich etwas bewegen könnten, dass sie Angst haben, beim Bewegen zu scheitern. Ohne überhaupt in die Bewegung zu kommen. Da sind Klima-Leugner in ihrer verschwurbelten Weltsicht auf ihre beschränkte Art ehrlicher.

Was muss eigentlich noch passieren? Wie viele Millionen Tote jedes Jahr durch Hitze und Dürre, Hunger und Krieg um Ressourcen? Fast vier Milliarden Menschen sind unmittelbar vom Klimawandel betroffen. Sie verlieren ihr Vieh, ihre Felder, ihre Lebensgrundlagen. In den Ozeanen kaum noch Fische ohne Plastik in den Gedärmen, kein Gletscher, der nicht verrutscht.

Die neuen Warnungen und Berichte gehen unter im Lärm der Zeit. Sie sind auch unangenehm; wer will schon hören, dass Teile der USA unter der größten Dürre seit 1.200 Jahren leiden[16] und 40 Prozent der Bevölkerung in Lebensgefahr sind, weil sie an den Küsten leben und jetzt schon klar ist, wie hoch der Meeresspiegel steigt?[17]

Wir Menschen nehmen eine Krise erst dann ernst, wenn wir die Folgen spüren. Die Kriege im Jemen, in Afghanistan und in Syrien waren weit weg, erst jetzt, wo ein Krieg in unserer Nachbarschaft tobt, nehmen wir ihn als Bedrohung wahr. Corona war zuerst für viele Wochen nur eine Nachricht aus China, bevor es zu unserer Geschichte wurde.

Jeden Tag verschwinden Tierarten: großes Erstaunen, wenn davon berichtet wird, ach, das gab's mal?

Das Artensterben ist nur ein Beispiel von so unzählig vielen sich langsam anbahnenden Veränderungen, die sich in den kommenden Monaten und Jahren und Jahrzehnten zu einer Katastrophe auswachsen, die viele beschaulich als »Klimawandel« verklären.

Wir haben keinen Wandel. Wir haben Krise.

Das Internationale Rote Kreuz hat ausgerechnet, was es kosten würde, die dringendsten Maßnahmen zu ergreifen. Die ärmsten fünfzig sogenannten Entwicklungsländer bräuchten in den kommenden zehn Jahren fünfzig Milliarden Dollar, das sind umgerechnet zweiundvierzig Milliarden Euro, um die ärgsten Folgen des Klimawandels abzumildern.[18] Der deutsche Bundesrat stimmte jetzt einem Dreißig-Milliarden-Euro-Hilfsfonds für die Opfer der Hochwasserkatastrophe im Ahrtal und anderen Gegenden im Westen der Bundesrepublik zu. Der sogenannte Corona-Aufbauplan der Europäischen Union hat einen Umfang von 750 Milliarden Euro. Ist doch Wahnsinn, oder?

Höchste Zeit, dass wir nicht nur am Freitag *for future* sind.

Politik

Ich mochte die umwerfende Dynamik dieses Lebens, die Spannung, die Geschwindigkeit und die Relevanz. Jeden Tag Entscheidungen. Die Kinder waren gewohnt, dass ihre Mutter kommt und geht und ein tolles Telefon hat; James war die *primary care person*, wie man im Englischen sagt. Mama kommt bald wieder, sagte er den Kindern. Es mag banal klingen, aber ich fand gut, als Vorsitzende der deutschen Liberalen im Europäischen Parlament unsere Sitzungen terminieren zu können. Auf halb acht am Morgen, dass ich später meine Tochter aus der Kinderkrippe abholen konnte. Männer legen solche internen Runden gern in die Abendstunden, hinterher kann man noch ein Bier trinken gehen und die wirklich wichtigen Dinge besprechen, ohne Protokollführer. Es war ein stiller Triumph für mich, nach neun Monaten und gutem Zureden die Parlamentsverwaltung so weit zu haben, Wickeltische in den Toilettenräumen zu installieren, und wo sie gerade dabei waren, gleich auch noch bei den Männern. Michelle Bachelet, zweimalige Präsidentin von Chile, meinte mal: »Wenn eine Frau in der Politik ist, ändert das die Frau. Wenn viele Frauen in der Politik sind, ändert es die Politik in Stil und Inhalt.« Das fängt bei Kleinigkeiten an.

Ich hatte viel zu tun. Meine Klamotten kaufte ich nur noch online, keine Zeit, in ein Geschäft zu gehen. Passten Schuhe, kaufte ich gleich zwei Paar, um nicht später noch einmal suchen zu müssen. Ich timte Telefonate, ich wusste, wie viele zwischen Sicherheitscheck und Boarding passten. Als Europaabgeordnete ist man mehr unterwegs als andere Parlamentarier. Du pendelst nicht nur zwischen deinem Wahlkreis und Berlin, sondern zwischen Ländern.

Heute frage ich mich, warum nicht auch Männer offen sagen, dass sie ein Problem damit haben, ihren Kindern zu wenig Zeit zu widmen. Dass sie ihre Kinder vermissen, wenn sie unterwegs sind. Dass sie zugeben, ich werde zu Hause gebraucht, ich bin einsam. Verliere meine Freunde. Die berühmte Vereinbarkeit von Familie und Beruf, Leben und Karriere, mal nicht als

Frauenthema, sondern als gemeinsames Projekt, für Männer und Frauen.

Oft kam was dazwischen, eine Gremiensitzung oder eine Rede oder ein Auftritt im Fernsehen. Ich sagte, da ist aber der Geburtstag meiner Tochter, die Presseleute meinten, na ja, wir verstehen dich, aber da musst du hin, das ist der Job, du kannst jetzt nicht allen Ernstes wegen deiner Tochter diese Talkshow schwänzen. Einmal buchte ich einen Prinzessinnen-Geburtstag als Geburtstagsüberraschung. Da kam eine fast echte Hoheit in Hofbekleidung, mit einer Krone und einem großen Glasdiamanten. Es war der Hit, es war ein wirklich schöner Geburtstag für meine Tochter, aber ich war nicht wirklich da, ich musste direkt wieder weiter. James schickte mir Filmchen, was zu Hause so los war. Ein anderes Mal verschoben wir die Geburtstagsfeier um zwei Tage, mein Terminkalender kollidierte mit der Erinnerung an die Geburt.

Den ersten Geburtstag meiner jüngsten Tochter feierte ich mit der FDP. Den zweiten auch, und auch den dritten. Ihr Geburtsdatum fällt auf den Beginn des Dreikönigstreffens der FDP. Sie kam am 5. Januar auf die Welt, was ein schönes Datum ist, vor allem für die Menschen aus dem Süden, es ist das Ende einer feierlichen und stillen Zeit. Aber die FDP, warum auch immer, zelebriert die Ankunft der Heiligen Drei Könige statt Krippenspiel mit dem Dreikönigstreffen im Stuttgarter Opernhaus. Es findet seit 1866 statt. Damals gab es zwar noch keine FDP, aber eine liberale Partei in Deutschland.

Es geht darum, so früh wie möglich im Jahr eine Ansage zu machen, hier geht's lang im neuen Jahr, Deutschland. Nachrichtenarme Zeit, der Weihnachtsbaum steht noch, aber die

FDP hat schon was zu sagen. Schaulaufen, wer wichtig wird. Der Landesvorsitzende Baden-Württemberg, weil Gastgeber, der Bundesvorsitzende, weil wichtig, und, Überraschung, ein Liberaler, aus dem im kommenden Jahr mal was werden könnte. Auch mal Leute, die bis dahin und auch danach nur der engeren Verwandtschaft bekannt waren, zum Beispiel die Silvana, herb oder lieblich, wie die Weinfreunde in der Partei meinten. So war ich auch zweimal oder dreimal, ich weiß es gar nicht mehr, ein Lichtlein am liberalen Firmament, ein Leuchtstreif der Freien und Liberalen.

Die Sternsinger kommen auch. Nach ihrem Auftritt ist Alarm, alle wollen ein Foto mit Caspar, Melchior und Balthasar. Dennoch habe ich dieses Leben genossen, das Unterwegssein, die vielen Termine, und außerdem fühlte ich mich auch verantwortlich für Europa, ich fühlte mich verantwortlich, als Deutsche in Europa für den Frieden zu kämpfen und wachsam zu sein. Ich durfte dabei sein, bei dem noch ziemlich neuen und großen Projekt, den Vereinten Nationen von Europa. Hier, auf diesem Kontinent, Schauplatz der schrecklichsten Kriege. Unsere erste und große Anstrengung muss doch sein, einigermaßen zivilisiert miteinander umzugehen und einigermaßen entspannt Meinung auszutauschen. Nicht dem anderen gleich an die Gurgel zu gehen, redet er sich um Kopf und Kragen. Denn auf jede Antwort gibt es eine Frage, jeder Lösung folgt ein neues Problem. Ist alles nicht so einfach.

Frau und Mutter und Politik. Für einige Journalisten blieb Mirakel, was ich da trieb. Mich erreichten höfliche Anfragen, nicht immer nach blond, sondern manchmal auch nach Babybauch. Kann man den mal sehen? Ich dachte, okay, warum nicht, dann zeig ich euch eben mal den Bauch einer werdenden

Mutter. In so was wart ihr auch schon mal drin. Auflagenstarke Fotostrecke, was alles so geht in Europa. Mütter bekommen Kinder. Ich ließ mich auch in Businesskleidung fotografieren, für schwanger im Beruf. Meine Tochter, damals das Baby in meinem Bauch, findet das jetzt ziemlich cool. Sie war ja so richtig nicht zu sehen. Gut gemacht, Mama, sagte sie.

Nix walle walle Blümchenkleider und rosa Wickeltops in Pastell, Pose in Hose. In dieser Hose nahm ich dann Stellung zu den wirklich wichtigen Fragen: Warum wollen Sie Kinder, wenn Sie so selten zu Hause sind? Wer kümmert sich, wenn Sie unterwegs sind? Was sagt Ihr Mann dazu?

Was sagt Ihr Mann dazu? Ich habe dazu nie groß was gesagt. James ist eben auch keiner, der sich groß erklären will. Wird es ihm zu viel, zieht er aus. Er nimmt seinen Schlafsack und ist dann mal weg. Er geht hinten raus. Am Grill vorbei und der Birke, den Gemüsekästen der Kinder, und an der schönen Rankerose an der Mauer. Ich weiß nie genau, wie das geht, mit dem Zurückschneiden, James kümmert sich auch nicht darum. Aber trotzdem ist es ein wunderschöner Rosenstock, er blüht sehr schön, so ein dunkles Rosa. Hinterm Rhododendron stellt James sein Zelt auf. Es ist ein Einmannzelt, braungrün, ich war da noch nie drin. Er passt da gerade so rein.

Ein irischer Mann braucht Schafwiesen und Weite und ein Land ohne Zäune. Von uns aus sind es tausend Kilometer dahin, James hat es nicht weit, wenn ihn mal die Sehnsucht umtreibt. Wir haben in Brüssel auch Salz in der Luft und graues Wetter. Wenn James mit einem Buch vor seinem Zelt sitzt, ist er zu Hause. So stelle ich mir das vor. Ich stelle mir vor, dass er sich vorstellt, dann in Irland zu sein. Ich habe ihn mal danach gefragt, ja, ist so, sagte er. James braucht das Gefühl, jederzeit gehen zu können.

Iren wollen eigentlich immer draußen sein, und das mussten sie auch oft. Sie waren immer mal weg, ganze Generationen, im Winde verweht, ausgewandert. Über Jahrhunderte ging das so, sie gingen nicht freiwillig, da war viel Hunger und Not. Aus seinem Dorf sind viele weg, der letzte große bekannte Auswanderer aus dem Nachbardorf war der *Great-great-Grandfather of* Joe Biden. Das muss um 1850 gewesen sein, als er ging, mit seiner Frau und den acht Kindern. Damals war großer Hunger auf der Insel, obwohl die Iren eigentlich genug zu essen hatten, Getreide und Kohl und Fleisch. Die Insel war aber im Besitz der Engländer. Sie hatten die Macht, und sie waren gemein, brutal und mordlustig. Wer nicht gehorchte, wurde getötet. Die Kolonialherren hungerten das Land aus. Sie verboten den Iren zu fischen und ließen ihnen nur die faulen Kartoffeln da. Die Iren lebten von Kartoffeln, nun starben sie an ihnen. Sie hatten schon schwere Zeiten hinter sich, Jahre ohne Sommer und Jahre voll mit Regen. Aber fünf Jahre der Missernte zwischen 1845 und 1849 brachten sie an den Rand. Vertrocknetes Seegras konnte keinen ernähren.

Sie suchten ihr Glück im Gehen. Alle US-amerikanischen Präsidenten kommen von der Insel. Darauf sind sie sehr stolz. Es stimmt zwar nicht direkt, es sind, wenn man der Überlieferung Glauben schenken darf, nur 22 von 46.

Selbst Obama, von dem gesagt wird, seine Familie stamme halb aus Afrika und halb aus Hawaii, entdeckte eines Tages, dass irgendwann irgendwer aus seiner Sippe auch das Weite gesucht hat, die US-Amerikaner aus Irland sind eine mächtige Wählergruppe, auch das. Eines Tages raus aus *old country,* neue Heimat zu finden. Sie sagen *old country*, altes Land. Das ist ihre Erinnerung an den Anfang der Welt. Wie alles anfing. Wer seine Heimat verloren hat, muss schauen, wo er eine neue herbekommt. Das Beste ist, man hat sie dabei. Dann kann man sie nicht so richtig verlieren. Also, in sich zu wohnen und bei sich zu sein. James ist so einer, dem das gelingt. Doch, so gut glaube ich, ihn zu kennen.

James und ich wohnen wirklich gern zusammen.

Flucht

Millionen Menschen sind auf der Flucht. Man weiß nicht, wie viele es in Wahrheit sind. So wie den Iren, in ihrer Geschichte, erging es in den letzten Jahrzehnten den Armeniern. Fast eine Million Menschen, die in Armenien geboren wurden, leben nach Schätzungen der Vereinten Nationen nicht in ihrer Heimat. Auch die Familie meiner Freundin Narod kommt aus Armenien und lebt heute im Libanon. Die Eltern von Narod würden nicht sagen, dass sie dort zu Hause sind. Sie haben sich dort niedergelassen.

Es gibt viele Begriffe für jene, die gehen mussten. Flüchtlinge, Geflüchtete, Heimatvertriebene, Emigranten, Auswanderer. Ihre Zahl steigt. Das Flüchtlingshilfswerk der Vereinten Nationen muss mit jedem Monat die Zahl nach oben korrigieren. Es sind wohl mehr Menschen unterwegs, als die Bundesrepublik Deutschland Einwohner hat. Über achtzig

Millionen, die Zahl überfordert die Vorstellungskraft. Die Einwohner von Hamburg und Berlin, von München und Frankfurt, aus Dörfern und Kleinstädten: Sie wären alle auf der Flucht, sie wüssten nicht wohin, das ist doch gar nicht zu fassen. Mehr als zwei Drittel der Menschen ohne Heimat stammen aus fünf Ländern, aus Venezuela und Afghanistan, dem Südsudan und Myanmar, und Syrien.[19] Jetzt kommen viele aus der Ukraine, die Vereinten Nationen sprachen von der »am schnellsten wachsenden Flüchtlingskrise seit dem Zweiten Weltkrieg«.[20]

Olena kam eine Woche vor dem Krieg. Ich hatte ihr gesagt, komm nach Brüssel, bring dich in Sicherheit. Sie brachte ihren achtjährigen Sohn mit und ihre Mutter. Olena arbeitet in unserer Stiftung und kann gut mit Zahlen. In den Schulzeugnissen las sich das noch anders, Rechnen sei nichts für sie, meinten die Lehrer. Olena aber wollte Wirtschaft studieren und paukte so lang, bis sie Mathe-Jugendmeisterin der Ukraine war. Fahne, Orden, Ruhm und Ehre. Sie studierte in Kiew und Stockholm und war Wirtschaftsprüferin in London und den USA.

Dann kehrte sie zurück in ihre Heimat. Und wollte beim Aufbau einer Demokratie helfen. Keine leichte Aufgabe, wir in Deutschland haben dafür mindestens zweihundert Jahre gebraucht, je nachdem, wie man rechnet.

Olena wurde Geschäftsführerin einer ukrainischen Bank, ein mühsames Unterfangen; sie war richtig gut darin, Neues aufzubauen, bis der große Bär in der direkten Nachbarschaft beschlossen hatte, seine Krallen auszufahren.

Wir hatten uns eines Tages in einem Café kennengelernt; Olena meinte, ich komme gern und mache mit in der Stiftung.

Kiew, Brüssel, kein Problem, es gibt Internet und Telefon, und es gibt Flugzeuge.

In den Tagen vor dem Überfall auf die Ukraine hatten wir noch versucht, unsere weltweiten Verbindungen für eine Friedensmission zu nutzen. Wir starteten eine Friedensinitiative. Innerhalb weniger Stunden gelang es uns, prominente Unterstützerinnen zu finden für eine Idee, die Präsidenten der USA und den Präsidenten Russlands auf neutralen Boden zu einem Gipfelgespräch einzuladen, vermittelt von der isländischen Regierungschefin. Beteiligt an der Initiative waren Friedensnobelpreisträgerinnen, Regierungschefinnen, Ministerinnen; es war unser Versuch, die Männer vielleicht noch zum Reden zu bringen.

In Erinnerung an das historische Treffen von den damaligen Präsidenten Gorbatschow und Reagan 1989 in Reykjavík; dieses Gespräch war wichtig und entscheidend für die Aussöhnung zwischen West und Ost. Der Reykjavík-Gipfel markierte den Beginn vom Ende des Kalten Krieges.

Olena war fassungslos, als der Krieg begann. Für sie war klar, dies ist mehr als nur eine Auseinandersetzung zwischen zwei Ländern. Es geht, sagt sie, um die Neuaufteilung der Welt. Um den Kampf zwischen Diktatur und Demokratie. Offene gegen freie Gesellschaft. Olena hat einen zweiten Pass. Zur Sicherheit. Israel bietet ihr eine zweite Heimat, wenn sie will.

Die Geschichte ihrer Familie ist die Geschichte des Holocaustes. Über zwei Millionen Juden wurden in der Ukraine getötet. Im Massaker von Babyn Jar ermordeten Wehrmachtssoldaten und ihre ukrainischen Helfer auch Großonkel und Großtanten von Olena. Man kann im Netz schauen, was passiert ist, es kann nicht mehr sein als eine Annäherung an das Grauen, so wirklich ist es nicht in Worte zu fassen, aber nachzulesen auf der Internetseite der Bundeszentrale für politische Bildung. Ich gebe es mal wieder, wie es da geschrieben steht: »Über eine öffentliche Bekanntmachung forderten die deutschen Besatzer Jüdinnen und Juden auf Russisch, Ukrainisch und Deutsch auf, sich am 29. September am westlichen Stadtrand von Kiew zu sammeln.

›Sämtliche Juden der Stadt Kiew und Umgebung haben sich am Montag, dem 29. September 1941, um 8 Uhr Ecke der Melnik- und Dokteriwski-Straße 31 (an den Friedhöfen) einzufinden. Mitzunehmen sind Dokumente, Geld und Wertsachen, sowie warme Bekleidung, Wäsche usw. Wer dieser Aufforderung nicht nachkommt und anderweitig angetroffen wird, wird erschossen. Wer in verlassene Wohnungen von Juden eindringt oder sich Gegenstände daraus aneignet, wird erschossen.‹«[21]

Mit dieser Aufforderung sollte der Anschein geweckt werden, dass eine Umsiedlung der Bevölkerung stattfinden sollte. Vom Sammelplatz aus trieben die Täter die Menschen in Gruppen in eine Schlucht, die sich damals außerhalb der Kiewer Stadtgrenzen befand. Wehrmachtssoldaten halfen dabei, das Gelände zu umstellen und zu sichern. Die zusammengetriebenen Menschen mussten ihr Gepäck abgeben, sich bis auf die Unterwäsche ausziehen und in die mehrere Meter tiefe Schlucht treten. Anschließend wurden sie dazu gezwungen, sich mit dem Gesicht zum Boden hinzulegen und dann per Genickschuss ermordet. In regelmäßigen Abständen wurde der wachsende Leichenberg mit Sand und Geröll zugeschaufelt – die Schlucht wurde von den Rändern aus zugeschüttet. Das Sonderkommando 4a gab in einem eigenen Bericht an, dass am 29. und 30. September insgesamt 33.771 Menschen ermordet wurden. Wahrscheinlich ist aber, dass bei den Erschießungen nicht jedes Opfer registriert wurde. Babyn Jar wurde weiter als Exekutionsstätte genutzt: Juden, sowjetische Kriegsgefangene, Sinti und Roma, ukrainische Nationalisten, vermeintliche Partisanen, Agenten und Saboteure wurden während der zwei Jahre andauernden deutschen Besatzung in Babyn Jar erschossen und verscharrt. Hinzu kamen weitere sogenannte Vergeltungsaktionen gegen die Bevölkerung der Stadt. Die vom Obersten Sowjet gegründete Außerordentliche Staatliche Kommission zur Aufklärung der NS-Verbrechen kam 1944 zu dem Schluss, dass insgesamt über hunderttausend Menschen in Babyn Jar getötet worden sein könnten. Olena war vor dem russischen Einmarsch im Vorstand der Babyn-Jar-Gedenkstätte für die Finanzen verantwortlich, die Gedenkstätte wurde von den Russen bombardiert.

Hier in Brüssel schaut ihre Mutter Kriegsnachrichten, den ganzen Tag. Wie hypnotisiert. Als Olena die ersten Bilder von kilometerlangen russischen Militärkolonnen sah, brach sie in unserem Büro zusammen. Wir riefen einen Krankenwagen. Der Blutdruck. Sie bekam Beruhigungsmittel. Olena hat ihr Kind hier eingeschult, sie hat eine Wohnung gemietet. Sie geht jetzt auch jeden Sonntag auf den Markt.

Ihr Mann kämpft in der Heimat, manchmal erreicht sie ihn auf dem Handy, manchmal nicht. Mach dir keine Sorgen, sagt er, es kommen bessere Zeiten. Von Golda Meir, der ersten

Ministerpräsidentin Israels, stammt der Satz, dass »wir Juden uns Pessimismus nicht leisten können«. Auch Golda Meir kam aus Kiew, sie wurde 1898 geboren, sie erlebte die Pogrome als Kind, Pogrome Jahrzehnte vor Hitlers Einmarsch. 1906 floh die Familie in die USA, später ging sie nach Palästina, arbeitete in einem Kibbuz und wurde als erste Frau Regierungschefin von Israel. Olena bricht immer wieder zusammen, wir bringen sie zum Arzt, sie bekommt Tabletten, sie hält aus, sie bricht wieder zusammen. Sie organisiert internationale Hilfe und mobilisiert Menschen und Medikamente und kümmert sich um Kinder. Sie macht irre viel.

Ich leide mit ihr, aber ein wirklicher Trost ist das nicht. Olena sagt, ich möchte noch sehr viel mehr tun, es übersteigt meine Kraft, aber es geht um Millionen Menschen, es geht um mein Land. Sie hat sehr gute Kontakte, sie hat sehr viele Möglichkeiten, und da ist auch ihr Sohn, um den muss sie sich kümmern. Olena weiß, sie sollte auch für sich selbst Sorge tragen, sie muss stark bleiben. In jedem Moment könnte sie eine Todesnachricht erreichen. Inzwischen hat sie ihren Mietvertrag verlängert, sie ahnt, es wird so schnell nicht zurückgehen.

Wir alle spüren, es ist eine neue Zeit. Und wachen auf aus einem Traum, der so schön war. Frieden, Wohlstand und Wellness. So, wie wir es gewohnt waren. Wir dachten, so geht es immer weiter.

Wir fühlen mit den Menschen in der Ukraine, sie sind uns nah. Wir würden vielleicht gern nicht hinschauen, wären da nicht diese Bilder und diese Worte und die Wucht des Bösen. Das Grauen, es ist näher gerückt. Es berührt uns mehr als das Elend im Jemen und in Afghanistan, im Kongo und in Venezuela. Das klingt grausam. Aber ist das nicht menschlich und verständlich? Wir Menschen sind nicht dafür gemacht, alle Krisen gleichzeitig würdigen zu können, würdigen, ja, es ist das richtige Wort. Dem Leiden eine Würde geben. Aber es ist zu oft zu viel.

Gespräch mit den Kindern

Anne hatte geraten, ohne falsche Scheu mit meinen Kindern zu reden. Sie wollen, sagte sie, nicht hören, ob du überlebst, sie wollen wissen: Mama wird nicht sterben. Sie wollen nicht wissen, ob dir die Haare ausfallen oder die Augenbrauen oder Wimpern, ob das Gefühl in den Fingerspitzen abnimmt, ob du vorm Frühstück kotzen musst oder danach. Kinder dürfen das Vertrauen nicht verlieren, sie können die Wahrheit ertragen, sagte sie.

Ich hatte Angst vor dem Gespräch. Wie würden sie reagieren? Würde ich sie trösten und überzeugen können, wo ich doch selbst so unsicher war? Wie sollte ich Gewissheit vermitteln können, wenn ich sie selbst noch suchen musste? Oder sollte ich vielleicht gar nicht stark und überzeugend sein, sondern meine Angst offen zugeben? Ich quälte mich mit Gedanken und Überlegungen, immer im Kreis. Es ging mir wie dem Esel in einer Erzählung des japanischen Zen-Meisters Morita. Der Esel ist mit einem Seil an einen Pfosten angebunden. Um sich zu befreien, geht er immer wieder um den Pfosten herum und macht so das Seil kürzer und kürzer.

Ich hatte mit James besprochen, wie ich es sagen würde. Weil das Wort Krebs Angst macht, entschieden wir, erst einmal den Begriff Tumor zu erklären. Die Ärztin meinte, wenn die Kinder nicht mehr darauf vertrauen könnten, dass ihre Mutter nie krank sein würde, sollten sie zumindest darauf vertrauen dürfen, dass ich ihnen alles erzähle. Das ist gut, sagte James.

Kommt mal alle her, rief ich eines Abends, ich muss euch was sagen. Wenn ich so rede, wissen meine Töchter, da kommt was. Was Wichtiges. Sie schauten mich ernst an. 16, 14, 11 Jahre alte Teenager und Kinder noch. Ich muss euch was sagen, wiederholte ich. Am liebsten wäre ich aufgestanden und gegangen. Also, ich setzte noch einmal an, ihr habt ja mitbekommen, dass ich in der letzten Zeit öfter beim Arzt war. Das wird jetzt noch mehr werden. Ich habe einen Tumor in einer Brust, deswegen wird die Brust jetzt weggenommen. Und danach muss ich vielleicht eine Chemotherapie machen. Ich habe, glaube ich, auch noch gesagt, das wird jetzt eine schwere Zeit, vieles wird anders als bisher, aber ich werde euch immer sagen, was passiert. Ihr könnt mich immer alles fragen, sagte ich, ich werde euch nichts vormachen, ich werde euch sagen, was ich weiß.

Umarmung

Die Kinder hörten mir zu. Eins nach dem anderen begann zu weinen. Ich wollte nicht weinen, aber ich konnte auch nicht mehr. Wir nahmen uns in den Arm, James und ich und die Mädchen. Mama, wir halten zusammen.

Brust ab

Die Nacht vor dem Eingriff konnte ich mit Tabletten super durchschlafen. Ich habe gut geschlafen, sagte ich. Ich auch, meinte die Ärztin, das ist vielleicht noch wichtiger.

Meine Angst war verschwunden, ich wusste nicht wohin. War jetzt auch nicht wichtig. Ich musste mich ergeben. Mehr konnte ich nicht tun.

Als ich wieder zur Besinnung kam, schaute ich mich im Zimmer um. Über meinem Körper ein Säckchen mit Schläuchen, Wundflüssigkeit, die ablief, sehr viel Watte. Mein Körper dick verpackt und ein Spezialkissen, auf dem ich den Arm ablegen konnte. Ein Tropf mit Schmerzmitteln hing an einem Gestell neben dem Bett, damit sind sie großzügig in Belgien, ich war dankbar dafür. Es muss eine neue Formel geben zum Zusammenhang von Arbeitslosigkeit und Inflation, das war mein erster Gedanke. Keine Ahnung, wie dieser Gedanke in meinen Kopf kam, in diesem Moment.

Neben mir lag eine Frau aus Rumänien, sie hatte wahnsinnig Angst vor der Brustoperation. Sie war völlig panisch. Ich bekomme nie wieder einen Mann, schluchzte sie. Sie war gerade geschieden, sie hatte Pläne.

Eine Ärztin fragte nach meinem Befinden. Sie zog die Bettdecke zur Seite. Das sieht schön aus, sagte sie, sie meinte die Narbe. Ein schöner langer Schnitt, sehr elegant, sehr gut gemacht. So kann man das auch sehen, dachte ich. Der Krebs war raus. Ich war Teil einer Routine, eines professionellen Ablaufs, jeden Dienstag und Donnerstag wurden hier Brüste abgeschnitten.

Totgeburt

Eigentlich war alles gut, ich war gewählt worden, gegen jede Wette. Guido Westerwelle hatte auf die richtige Frau gesetzt. Meine FDP-Kollegen akzeptierten mich in der Mehrheit nicht, sie ließen gewähren. Nach außen feierten sie mich, nach innen feixten sie. Mein Job war es, ihr Spiel zu durchschauen und schneller zu sein, die Dinge unter Kontrolle zu halten. Ich machte weiter, ich ging weiter darüber hinweg. Einmal stellte ich beim Überprüfen der Parteipositionen fest, dass ich eigentlich den Grünen näherstand. Fand ich interessant, konnte ich aber keinem erzählen.

Ich war auf Linie, ich hatte mich durchgesetzt. Ich konnte mich jetzt nicht weiter mit mir beschäftigen. Ich hatte bekommen, was ich wollte, und ich lieferte. Ich habe, so glaube ich, selten so viel gearbeitet wie in dieser Zeit. Ruhe kam da nicht rein. Die Männer lagen auf der Lauer. Und warteten, dass ich Fehler machte. So viele Gespräche, herauszufinden, was ist die jeweilige Agenda. Aus der FDP-Fraktion wurde mit gestreut, ich sei selten in Sitzungen zu sehen. Das Internet ist heute noch voll mit diesen Geschichten, ein Klick, und man findet das. Das erste Kind schrie nicht mehr. Das zweite lief schon. Wir hatten Krippenplätze und eine Kinderfrau am Nachmittag. Der Job von James war, die Töchter auf dem Weg ins Büro in den Kindergarten zu bringen. Und meiner, sie nachmittags wieder abzuholen. Wenn Zeit war. Jetzt stand in der Zeitung: »Schön faul«. Die Koch-Mehrin mache sich einen Lauen. Verlorene Ehre, darauf waren sie aus. Die Worte verfehlten ihre Wirkung nicht. Ich konnte kaum noch essen, ich konnte kaum noch schlafen, ich konnte kaum noch.

Schön faul. Mutter geworden. Gewählt worden. Mutter geworden. Und nun das dritte Mal schwanger. Wir wollten, dass die Kinder zusammen groß werden und nicht so viel Zeit vergeht, dazwischen. Es war fordernd, aber es war auch so schön.

Meine ersten beiden Schwangerschaften waren unproblematisch. Die dritte: eine Katastrophe: Es bewegt sich nicht, sagte ich zur Ärztin. Eines Morgens war alles anders. Ich meldete mich bei meiner Ärztin. Ich fühle das Kind nicht mehr, sagte ich. Sie trug Gel auf meine Haut auf und versuchte, mich zu beruhigen. Ultraschall. Wir schauen mal, eine Schwangerschaft birgt Komplikationen, das ist selten einfach, das wissen Sie, es ist Ihr drittes Kind. Ja, ich wusste. Man hat ja die ganze Zeit damit zu tun, dass da Bakterien sein könnten, die das Kind töten, oder die Fruchtblase platzt. Es kann so viel passieren. Aber bei mir war immer alles in Ordnung gewesen. Bis jetzt.

Sie fuhr mit einem Schallkopf über meine Bauchdecke, immer wieder. Wie aufregend, wenn ich auf dem Monitor sehen konnte, wie meine Mädchen im Bauch strampelten, ich konnte in meinen Körper gucken und sehen, wie wohl sie sich fühlten in diesem Ozean voller Glück. Jetzt war da aber nichts. Ich sehe keinen Herzschlag mehr, sagte die Ärztin. Sie fragte einen anderen Arzt, schau mal. Ich lag da, ich verstand nicht. Ich hörte hin, ich musste hören. Ihr Kind ist tot, wir müssen es holen, so schnell wie möglich. Wir wissen noch nicht, wie lange es schon tot ist, aber Sie sind in Lebensgefahr. Es können sich Gifte in Ihrem Körper entwickeln, bitte, kommen Sie morgen früh wieder, wir leiten dann die Geburt ein.

Ich trug eine Leiche nach Hause. Ich wollte leben, in mir war der Tod.

Es tat so weh. Keine Wehen, die halfen, das Kind auf die Welt zu pressen. Blanke, rohe Gewalt, mein Kind, mir entrissen, die Ärzte gaben sich große Mühe. Sie wollten retten, was zu retten war, mich. Sie gaben mir Morphium.

Schmerzbetäubt

Ich blieb noch im Krankenhaus, einige Stunden, schmerzbetäubt. Zu Hause legte ich mich zu meinen Mädchen, sie waren noch so klein. Ich kuschelte mich an sie, ich habe euch so lieb, sagte ich. Von hier bis in den Himmel. Als sie schliefen, weinte ich, ich hörte gar nicht mehr auf.

Das war an einem Dienstag. Am Donnerstag war ich wieder im Büro. Ich hatte die Plenarsitzung vorzubereiten.

Ich hätte eine Therapie machen sollen, ich tat es nicht. Ich dachte, ich komme allein zurecht. Ich war wie in einem Sog. Sich zu tun machen.

In stillen Stunden schrieb ich auf, was ich fühlte, Notizen über mein Kind. Gedanken über das Leben. Ein Jahr lang stellte ich Blumen in die Vase, jeden Tag, die sind für dich, mein Schatz.

Über Jahrtausende wurden tot geborene Kinder nicht gewürdigt. Vergessen und verscharrt. Seit ein paar Jahren haben Eltern die Möglichkeit, ihr totes Kind in das Familienbuch eintragen zu lassen. Sternenkinder, sagt man, oder Engelskinder. Dreitausend sind es jedes Jahr, in Deutschland.

Eine Fehlgeburt ist schon traurig, wenn man sie in den ersten Wochen erlebt. Aber später, wenn dein Kind sich schon bewegt und nur wenige Tage oder Wochen fehlen, bis es hätte überleben können, so viele Möglichkeiten heute: Das ist niederschmetternd.

Zehn lange Jahre noch habe ich an jedem Geburtstag Blumen gekauft, ich habe niemandem gesagt, für wen.

Mein Kind war tot. Und ich wieder auf Arbeit. Termine, Betäubung. Nicht daran denken. Ein Mann von der *Bild* rief an. Na, wie geht's? Gespräche mit Journalisten gehörten zum Geschäft. Ich war für Schlagzeilen immer gut. Presse, das konnte ich besser als Parteiarbeit, ich wusste, wie es funktioniert. Journalisten wollten Geschichten, sie bekamen Geschichten. Ich war gut darin, sie meldeten sich regelmäßig. Was gibt es Neues, wollen wir mal wieder was machen? Die ganzen komplizierten EU-Sachen, ich konnte sie ihnen erklären. Unsere Frau in Brüssel, sehr umgänglich. Ich hatte eine eigene Talkshow, *Silvanas Europa*. Die Generation Europa, ich wollte mitmachen. Frieden schaffen ohne Waffen. Ich lieferte Schlagzeilen. Und wenn ich auch nur mal in der Jugendherberge schlief, weil es in Straßburg keine anderen Übernachtungsmöglichkeiten gab. Irgendwann hatten die europäischen Regierungen beschlossen, das Europäische Parlament habe sich vier Tage im Monat in Straßburg zu versammeln. Eine umständliche Prozedur. Zehntausend Mitarbeiter, Journalisten, Besuchergruppen, Lobbyisten ziehen dann nach Straßburg, so viele Hotelzimmer gibt es dort gar nicht. Wir hatten eine Kampagne organisiert gegen diese Absurdität, es kostet bis heute sehr viel Geld und macht noch mehr Mühe. Koch-Mehrin schläft in Jugendherberge, was für eine Nachricht.

Mit dem Mann von der Zeitung kam ich eigentlich gut zurecht. Ich war auf wohlwollende Berichterstattung angewiesen und kam gut rüber, wie man so sagt. Ich sei in der Lage, Europa in Deutschland ein Gesicht zu geben, so hieß es. Ich wollte helfen, den Laden in der Mitte zusammenzuhalten, Europa als Herausforderung und Chance, nie wieder Krieg. Ich fühlte mich als Frontfrau, für den Frieden, für Gleichberechtigung, für eine bessere Welt. Es strengte mich schon sehr an, ein bisschen riskant das Ganze, ein schwieriger Grat.

Der Mann von der Zeitung wusste von meiner dritten Schwangerschaft, ich hatte es ihm mal erzählt. Jetzt erinnerte er sich daran und wollte eine neue Story. Wann ist es denn so weit, Frau Koch-Mehrin?

Och ja, öh. Ähm. Verdächtiges Räuspern. Der Mann am anderen Ende war mein Geschäftspartner, in besseren Zeiten wären wir zu einem einvernehmlichen Abschluss gekommen. Wir machen was, gute Geschichte, Frau Koch-Mehrin. Jetzt bloß keinen Fehler machen, dachte ich, bleibe souverän oder tu zumindest so. Biete keine Flanke. Dieser Journalist machte seinen Job, er stellte eine Frage, und ich konnte mir eine Antwort überlegen. Aber ich konnte nicht überlegen, ich konnte nichts sagen, ich war voll Schmerz. Mein Herz beladen. Ich weiß gar nicht mehr, warum ich diesen Anruf überhaupt angenommen hatte, wahrscheinlich dachte ich, meine Routine würde mich retten.

Ich wusste nicht, was ich sagen sollte.

Mein Kind war tot. Wenn ich dem jetzt sage, was geschehen ist, wird er das garantiert bringen, dachte ich, Bruchteile von Sekunden. Ich war wie erstarrt. Ich hörte den Mann fragen, Frau Koch-Mehrin, ist was? Er hatte längst Verdacht geschöpft, irgendwas war, ich musste die Kontrolle zurückgewinnen. Ich habe eine gute Geschichte für euch, sagte ich, morgen, so hörte ich mich reden, ist eine sehr wichtige Abstimmung im Parlament, sehr wichtig, wiederholte ich, darüber sollten Sie schreiben, das ist sehr interessant.

Ja gut, sagte der Mann, das haben wir auf dem Zettel, aber wann kommt denn jetzt das Baby? Der Mann wollte von mir hören, bald, Sie erfahren es als Erster, so ähnlich. Ich war unfähig, zögerlich, gereizt. Ich konnte ihn nicht hinhalten, er würde nicht aufhören zu fragen, ich musste das Gespräch beenden, sofort. Jeder weitere Satz würde meine Verzweiflung nur noch größer machen, ich konnte nicht mehr. Ich muss jetzt auflegen, sagte ich, es tut mir leid, wie gesagt, morgen ist ein ganz wichtiger Tag, ich muss jetzt leider los, tut mir leid, tschüs.

Ich legte auf und wusste: Das wird nicht gut.

Schlagzeile

Es wussten nur wenige. Meine Mühe galt, den Schmerz so gut es geht zu verbergen. Es strengte mich sehr an. Ich fand keinen Schlaf, ich fand keinen Trost, ich war nur traurig, ein Gefühl der Leere. Ich wollte allein sein, ich brauchte Zeit, es gab sie nicht. Ich nahm sie mir nicht. Ich sah schlecht aus, niemand fragte, was ist. Vielleicht aus Respekt, vielleicht aus Höflichkeit, vielleicht aus Angst, weil da was sein könnte. Was man lieber nicht wissen möchte, weil man vielleicht mit seinen eigenen Sorgen beschäftigt ist. Nur die Assistentin eines FDP-Kollegen im Europaparlament meinte, sag mal, Silvana, geht es dir nicht gut? Ich wäre in der 24. Woche gewesen. Mein Kind war seit vier Wochen tot.

Ich rief in der Parteizentrale an und ließ mich mit der Presseabteilung verbinden. Folgendes: Die *Bild* hat angerufen und mich nach meiner Schwangerschaft gefragt. Ich bin aber nicht mehr schwanger, und ich will nicht darüber reden.

Oh, das tut mir leid. Schade. Und jetzt die *Bild*, was wollen die denn?

Die haben mitgekriegt, dass ich nicht mehr schwanger bin, und darüber wollen sie schreiben, ich will das aber nicht.

Was wollen sie genau?

Meine Geschichte erzählen. Die haben gemerkt, da ist was, was kann ich jetzt tun?

Na ja, sagte der Mitarbeiter. Du hast deine Schwangerschaft öffentlich gemacht. Du kannst nicht viel tun. Am besten ist, du erzählst denen, was passiert ist, damit sie den Grund kennen.

Du sagst denen, warum. Dann bringen sie nur eine kleine Notiz. Du hast dich ja schon mal mit Babybauch fotografieren lassen, da warst du auch nicht privat schwanger, sondern hast das als Politikerin getan. Da haben wir schlechte Chancen. Ich ruf die mal an und frage mal vorsichtig nach. Vielleicht müssen wir einen Deal machen. Aber wir haben das nicht unter Kontrolle, so etwas spricht sich ja auch rum, das kann man nicht lange verbergen.

Es war bisher ein Geben und Nehmen, ich wollte nicht mehr geben.

Ich fasste mir ein Herz. Und rief den Journalisten zurück. Nun ja, sagte ich, da gab es eine Komplikation, irgendwas mit der Nabelschnur. Ich kann mich nicht mehr erinnern, was ich sagte, es war nur furchtbar.

Dann erschlug es mich: »Babydrama bei Deutschlands schönster Politikerin.« Es war die Titelgeschichte an einem Sonntag. Dramatisch serviert zum Frühstück. Ach guck mal, die Koch-Mehrin schon wieder. Ich rief die Pressestelle an. Was soll das, ihr habt doch gesagt, das wird nur eine kleine Sache, ihr habt gesagt, wir machen einen Deal. Beruhige dich, Silvana. Klar ist das ein bisschen groß geraten, ich verstehe, dass du dich aufregst. Aber sieh es mal so: Für uns ist die Geschichte eigentlich doch ganz gut, endlich mal was Menschliches aus der FDP.

Zu viel Kaffee

Was war mit mir los? War ich zu alt, mit 36? Trank ich zu viel Kaffee? Nahm ich zu wenig Folsäure? Hätte ich den Koffer neulich nicht heben sollen? Ich stellte mir Fragen, leicht genug, nicht zu verzweifeln. Natürlich habe ich mich nicht den Gedanken entziehen können, dass ich zu viel Stress hatte, um mit 36 noch einmal schwanger zu sein. Frau sein ist schuldig sein. Darauf sind wir konditioniert. Und so verbringen wir viel Zeit mit unserer Schuldfrage, vergessen darüber aber, dass es gar nicht um Schuld geht, sondern um Freiheit.

Geht anderen doch viel schlechter, dachte ich, und sie bekommen trotzdem Kinder. Eine Freundin meinte, geh zur Therapeutin. Ich sagte, warum? Ich habe keine Zeit. Was soll die mir erzählen.

Nur wenige Wochen später war ich wieder schwanger. Wir wagten nicht, uns zu freuen. Machen Sie immer einen Termin, hatte der Arzt gesagt, wenn Sie denken, Sie brauchen einen. Die Schwangerschaft nach einem solchen Erlebnis ist eine Herausforderung. Mit jedem Ultraschall wurden wir uns sicherer. Und meine Tochter kam gesund zur Welt.

Das Leben meinte es wieder gut mit mir. Drei Mädchen, zwei Brüder, ein Mann. Meine Eltern lebten noch und auch noch mein Opa, er wurde hundert. Wir feierten ein großes Fest. Er gehörte zu einer Generation, der gelehrt wurde, dass die Nachbarn Feinde sind. Nur Böses wollen. Jeder Stoß ein Franzos', jeder Brit ein Tritt: Das waren die Sätze. Schimpf und Schande auch über Polen und Holländer. Er war anderer Meinung gewesen und sagte mir immer wieder, was für ein Glück ich habe, später geboren zu sein.

Nun war Europa vereint, und ich war dabei. Mich erfüllte große Begeisterung, es war möglich, dass sich Dinge wenden. Menschen ihre Angst überwinden und Freunde werden. Sich wieder vertrauten und die Zuversicht wuchs. »Freude, schöner Götterfunken«: Opa, hättest du das für möglich gehalten? Zu seiner Zeit war Hass, Männer in Gräben schossen sich tot. Die ersten 36 Jahre seines Lebens verbrachte mein Großvater mit Momenten großer Verzweiflung. Über die Verhältnisse, über die Niedertracht, über den Terror des Bösen. Ich verband mit den Ardennen Genuss, mein Großvater Krieg. Belgien, das war für mich einmal Fritten und zurück. Kurz über die Grenze, welche Grenze?

Ich verbrachte meine ersten 36 Jahre in Frieden und Freiheit. Frieden und Freiheit, das sagen viele Politiker, die Worte klingen verbraucht und abgenutzt und sind so so wichtig. Wir müssen uns immer vergewissern, dass ohne Frieden und Freiheit ein sinnhaftes Leben nicht möglich ist. Ich hatte immer gehofft, sagte mein Großvater, dass es eines Tages anders wird, dass die Menschen aufeinander zugehen und sich in die Augen gucken. Sich anschauen und verzeihen und um Vergebung bitten.

Bei der Europawahl verdoppelten wir unser Ergebnis fast. Ein zweiter Anlauf mit mir als Spitzenkandidatin, nur wenige Wochen später war Bundestagswahl. Mein Erfolg, unser Erfolg war eine Steilvorlage, Hochgefühl.

Die FDP hatte gute Chancen, mit der CDU die neue Regierung zu bilden. Und an mir kam man nicht vorbei. Spitze, die

Koch-Mehrin. Spekulationen. Was würde sie tun? Was kann sie noch werden? Geht Silvana Koch-Mehrin nach Berlin, wird sie Staatssekretärin oder gar Ministerin? Wäre vielleicht drin gewesen, ich hatte mir darüber auch Gedanken gemacht und den nächsten Schritt überlegt. Ich wollte, und ich wollte nicht. Berlin statt Brüssel? Was meinst du, James? James meinte, kein Problem, dann ziehen wir um. Brüssel statt Berlin? James meinte, kein Problem, dann bleiben wir hier.

Broken Heart

First we took Europe, now we take Berlin. Mein Wahlsieg war eine Steilvorlage für die Partei. Spitzenstimmung allerorten. Unsere Partei, bester Hoffnung. Die Umfragewerte, historisch gut, ein Hoch nicht nur über Europa. Ein Sommer voller Vorfreude, die Liberalen bald wieder in der Regierung. Guidos Trip mit dem Cabrio hatte sich ausgezahlt, Angela Merkel wollte uns. Nicht mehr große Koalition, Deutschland kann es besser, unser Parteitagsmotto.

Guido hatte sich über Monate auf diesen Moment vorbereitet. Als Parteivorsitzender musste er sehen, wie und wo er seine Leute einsetzt. Ich hatte mich entschieden.

Brüssel, allein schon wegen dem Klavier ganz gut. Um Guido und mir ein mögliches unangenehmes Gespräch zu ersparen, in dem er mich vielleicht fragen würde, Silvana, kommst du nach Berlin, willst du in die Regierung und ich sage dann Nein, bat ich ihn um einen Termin, kurz nach der Bundestagswahl und kurz vor der Präsidiumssitzung. Wir hatten mächtig abgeräumt, fast 15 Prozent, jetzt ging es um die Verteilung von Posten.

Ich war gut vorbereitet. Auf einen weißen Zettel, DIN A4, hatte ich mir eine Tabelle gemalt, eine Entscheidungsmatrix, jeder Coach kennt das: Mindmapping. Fünf fordernde Jahre lagen hinter mir, ich hatte viel gesehen und viel erlebt. Ich trug Punkte ein, da stehst du jetzt in deinem Leben. Ich zog Linien. Mindmapping ist ziemlich grandios, es leitet dich durch das, was du zu denken meinst. Ich überlegte, was bestimmte Entscheidungen mit mir machen würden, tut weh, tut nicht weh. Auch einfache Fragen: koche gern. Oder lasse kochen. Restaurant, also. Wenn ich gern koche, dann sollte ich dafür mehr Zeit haben. Habe ich dafür mehr Zeit, kann ich weniger lesen. Ich sollte aber mehr lesen, also rückt das Kochen wieder nach hinten. Kausalketten, Opportunitätskosten. Das eine nicht ohne das andere, alles mitdenken, nichts vergessen. Ich stand vor einem Karrieresprung.

Von der Mindmap dann zur Entscheidungsmatrix. So eine Matrix gibt die Reihenfolge vor, Handlungsalternativen, Handlung eins, Handlung zwei, was folgt auf was. Ich multiplizierte und addierte, das Ergebnis war klar. Ich wollte noch fünf Jahre Europa machen. In Brüssel und nicht aus Berlin.

Guido freute sich, mich zu sehen, schön, dass du da bist. Küsschen. Ich musste daran denken, wie er bei uns in der Küche stand und mich zum ersten Mal gefragt hatte.

Ich setze mich auf sein schönes Sofa. Dunkles Leder, glaube ich. Das wird gleich eine strategisch wichtige Sitzung, sagte er, wir müssen die Eckpunkte absprechen, alle laufen sich warm, die Personalien kommen zum Schluss. Guido hatte die FDP aus dem Loch geführt, jetzt war Bescherung. Er nahm seine Brille ab. Und rieb sich die Augen. Schöne blaue Augen, dachte ich.

»Guido«, setzte ich an, »bevor du dir irgendwas überlegst oder mich fragst, ich stehe für einen Wechsel nach Berlin nicht zur Verfügung.«

Der Satz war kaum gesprochen, da musste ich kotzen.

Ich übergab mich. Übergabe: Es musste etwas raus, ich ließ los.

Ich wollte noch sagen, mir ist schlecht, es war zu spät. Mir wurde schwindlig, ich rutschte vom Sofa. Ich sehe noch Guido mit seinem Papierkorb in der Hand. Wie peinlich. Total unangenehm. Guido rief seine Sekretärin. Silvana braucht einen Krankenwagen.

Ich weiß nur noch, ich liege auf einer Trage, so einer Pritsche, und da sind ganz viele Journalisten im Atrium der Parteizentrale. Die waren wegen der Präsidiumssitzung da. Meine Eltern saßen in Köln vor dem Fernseher und sahen zu. Unter falschem Namen wurde ich ins Berliner Bundeswehrkrankenhaus eingeliefert, eine Diagnose war anfangs schwer. Nach mehreren Untersuchungen schließlich: Verdacht auf Herzinfarkt. Eilmeldung: »Die FDP-Politikerin Silvana Koch-Mehrin ist während der Präsidiumssitzung ihrer Partei von einem Rettungswagen abgeholt und ins Krankenhaus gebracht worden. Sie hatte während der Beratungen der Parteispitze über Unwohlsein geklagt, wie ein Parteisprecher mitteilte. Offenbar handelte es sich um eine Magenverstimmung. Nach Angaben von *Bild.de* hatte die 38-Jährige, die derzeit Vizepräsidentin des EU-Parlaments ist, in der Sitzung um eine Auszeit gebeten. Ihre Vermutung sei gewesen, dass sie im Flugzeug etwas Falsches gegessen habe.

Spekuliert werde, ob es sich um eine Salmonellen-Vergiftung handeln könne. Nach Angaben des Parteisprechers liegt bislang noch kein Ergebnis der ärztlichen Untersuchung vor. Koch-Mehrin ist als mögliche Bundesministerin in einem schwarz-gelben Kabinett ins Gespräch gebracht worden. Dem FDP-Team für die Koalitionsverhandlungen gehört sie aber nicht an.«

Nach 24 Stunden war klar, es war eine psychosomatische Reaktion. Lassen Sie sich bitte in ein paar Wochen noch mal durchchecken, sagte der Arzt. Auf Herz und Nieren. Ein Herzinfarkt scheint es nicht zu sein, sagte der Arzt, aber wer weiß. Ich wusste, ich habe keine angeborene Herzschwäche oder Herzrhythmusstörungen.

Ich bin mir heute nicht mehr sicher, ob es nicht vielleicht doch ein Herzinfarkt war. Einer, der schwer zu erkennen ist und seine Symptome schwer zu deuten, weil er ein Herzinfarkt einer Frau ist. Ärzte erkennen ihn oft nicht mit erlernter Diagnose, weil bisher vor allem an und für Männergesundheit geforscht wurde. Aber es gibt einen Begriff dafür, den wir verwenden, wenn es uns schlecht geht und etwas in uns nicht mehr heil ist: Mein Herz ist gebrochen. Herzeleid, so sagte man früher. Wenn man beschreiben wollte, dass man vor Kummer erkrankt.

Weiblicher Herzinfarkt, so sagt man heute. Broken-Heart-Syndrom. Es ist nicht leicht zu erkennen, die Symptome gleichen nicht immer denen eines Infarktes: Enge in der Brust und Atemnot ist eher selten. Dafür eher Schweiß und Übelkeit und Erbrechen, auch Depression. Deshalb der erste Gedanke: Magenverstimmung.

Ich hatte Kummer, wie sollte man diesen messen?

Eigentlich war Präsidiumssitzung. Ich lag heulend im Hospital. Triumph. Und Niederlage.

Ich hatte gewonnen. Und fühlte mich als Verliererin. Du hast versagt, hörte ich mich denken. Wie konnte dir das nur passieren. Eigentlich war doch alles klar, was war los? Ich hatte einen Plan, es war keine große Sache, Guido abzusagen. So gesehen, war meine Reaktion völlig unnötig, komplett unprofessionell. Ich hatte mich ausgeliefert, nackt gemacht, beherrschbar. Nun wussten sie, ich habe es nicht drauf, sie hatten es immer schon gesagt. Alle Anstrengung, alle Mühe, einen toughen Auftritt hinzulegen, mit einer lächerlichen Aktion zerstört.

Vielleicht dachte Guido auch nach erstem Schreck, vielleicht ist es gut, dass es jetzt passiert ist und nicht später. Wenn die wirklich großen Sachen kommen, Berlin ist ein härteres Pflaster.

Vielleicht aber hatte er mich auch gar nicht in Betracht gezogen. Vielleicht hätten wir eine Weile persönliche Dinge austauschen können, und er hätte gesagt, du, Silvana, ich will Außenminister werden. Und ich wünsche mir, dass du in Brüssel bleibst, du machst deine Sache gut, ich höre das von allen Seiten, wir brauchen Europa und wir brauchen dich.

In der Zeitung stand, ich könnte Bildungsministerin werden oder auch Bundesministerin für wirtschaftliche Zusammenarbeit. Infrage kämen auch das Frauenressort oder ein Job als Staatssekretärin für Europa. Ich war auf dem Höhepunkt meiner Karriere: Im Bundestagswahlkampf bedruckte Lastwagenplanen mit meinem Konterfei, die FDP ließ mich auf Plakaten zufrieden in die Welt lächeln. Der ADAC gab eine

Warnmeldung raus, konzentriert euch auf den Verkehr. Und nicht auf diese Frau von der FDP.

Gefühle

Ich hatte die Nerven verloren, ich nahm mir das übel. Guido schickte ein selbst gemaltes Herz auf handgeschöpftem Papier und einen riesigen Blumenstrauß. Ich marterte mein Hirn, ich war raus. Irgendwann war ich mal im Fernsehen gefragt worden, wie man als Politikerin mit Verletzungen umgeht. Man sagte man und meinte mich. Gefühle, sagte ich, seien keine Kategorie in der Politik. Sie haben dort nichts zu suchen. Ein Arzt kann ja auch nicht dauernd an zu Hause denken, er hat einen Job. Und eben eine Verantwortung. So dachte ich auch. Jetzt sind die Fragen im Fernsehen so, dass man eigentlich darauf nicht antworten möchte. Da ergibt sich kaum Gelegenheit, wirklich zu sagen, was man denkt. Mal eine Pause zu machen, sich etwas zu überlegen. Was einem gerade durch den Kopf geht, für einen Moment mal festzuhalten, bevor der Gedanke, es könnte ein interessanter sein, wieder verschwindet.

Politiker haben sich also angewöhnt, möglichst wenig von sich reden. Sie haben schlechte Erfahrungen gemacht damit: Natürlich macht es in einem Interview keinen Spaß, wenn da kein echter Austausch ist und das Vertrauen, gehört zu werden. Die Rollen sind verteilt, der eine stellt Fragen und muss selbst keine Antwort geben. Politiker aber werden an ihren

Antworten gemessen und nicht für Fragen gewählt. Aber infrage stellen: Das sollten wir mehr tun.

Ich war noch nicht so weit, ich blockte ab. Denke ich heute an die Situation im Fernsehen und dieses Wissenwollen, wie ich mit Gefühlen umgehe, was ich fühle, wie ich mich fühle: Dann denke ich, eigentlich doch eine sehr spannende Frage. Natürlich leiten dich Gefühle. Und natürlich ist es auch wichtig, sich nicht immer von ihnen leiten zu lassen. Aber sie sind eben wichtig, einen Zustand zu beschreiben. Und wenn es dir schlecht geht, könnte man gemeinsam herauszufinden versuchen, woran das liegt. Wie ist es bei dir, wie ist es bei mir? Wie gehen Sie eigentlich mit Verletzungen um, in Ihrem Leben? Wie wäre es, ginge es in so einer Talkrunde einmal nur um Angst, nicht nur um die der Gäste, auch um die des Moderators oder der Gastgeberin? Eine solche Diskussion könnte aufregend sein, und ich lobe hiermit eine Flasche Champagner aus, wer sich als Erster eine solche Debatte im Fernsehen zutraut. Und nicht gleich abwehrt und sagt: Die Fragen stell immer noch ich.

Die Journalisten Maybrit Illner und Hajo Schumacher haben mal versucht, das Verhältnis zwischen Journalisten und Politikern in einem Buch zu beschreiben: »Journalisten halten Politiker durchweg für Fehlbesetzungen; Volksvertreter wiederum sehen in Medienmenschen bösartige Wesen, die nichts anderes im Sinn haben, als den Alltag in Kabinett, Parlament und Ministerium in ein permanentes Höllenfeuer zu verwandeln. Beide glauben insgeheim, den Job des anderen sehr viel besser erledigen zu können. Aber die wenigsten lassen es wirklich darauf ankommen.«[22]

Ich wollte nicht wahrhaben. Nicht für wahr nehmen wollen, was ist, ist eine der besten Erfindungen des Menschen, sie befähigt uns dazu, einfach weitermachen zu können. Zu leben und zu überleben bedeutet einige Anstrengung; der Körper tut einiges dafür, dass wir widerstandsfähig bleiben, resilient werden. Resilienz ist eine Ressource; das lateinische *resilire* bedeutet soviel wie abprallen oder zurückspringen. Sie beschreibt nicht weniger als die Gelassenheit, Dinge zu akzeptieren, die man nicht ändern kann. Das sind die Mechanismen der Macht, dachte ich, es ist leider so, daran musst du dich gewöhnen.

Wenn man anfängt, Funktion und Person zu verwechseln, dann wird es einsam. Man wird zur Projektionsfläche für alles und jedes. Nicht mehr Person, sondern Funktion. Das schafft Distanz und macht dich einsam. Weil du plötzlich Interpret wirst. Darsteller einer Vorstellung. Der Vorstellung, wie etwas zu sein hat. Amtsträger. Das große Ganze, klein und getrennt. Und vor allem reduziert, auf Pose und Parole. Denn es kommt weniger darauf an, was ein Politiker sagt. Sondern wie. Kommunikationswissenschaftler haben mal versucht, dies in Prozentzahlen auszudrücken. Die inhaltliche Relevanz einer Aussage bewerten sie mit sieben Prozent. Tonfall und Stimme mit 38 Prozent. Den Rest machen Körperhaltung, Gestik und Mimik aus. Eben nicht, was wir wirklich denken. Sondern welches Bild wir von uns abgeben.

Ganz oben

24 Stunden später war ich wieder auf den Beinen. Okay, dachte ich, vergiss es. Nicht darüber reden, nicht mal ignorieren, wenn einer fragt: Es war ein Magen-Darm-Infekt. Kann ja passieren. Das bisschen Schwäche macht sich von allein. Davon. Was erlauben Körper?

Ich versuchte mich in Abhärtung. Und war überzeugt, meine neue Aufgabe ohne weitere Anstrengung in Angriff nehmen zu können. Silvana, das schaffst du schon, rief ich mir aus weiter Ferne zu. Meine Brüder bestaunten meine Karriere, ihre Schwester eine Maschine. Silvana Koch-Maschine.

Ich war zur Vizepräsidentin des Europäischen Parlaments gewählt worden. Als eine von 14 Stellvertreterinnen. Es war nicht einfach, ich schaffte es erst im dritten Wahlgang, aber es war eine große Ehre. Ich gehörte zu den mächtigsten Frauen in Europa, zumindest auf dem Papier. Im Großen und Ganzen war ich irgendwie mit zuständig für 8.000 Mitarbeiterinnen und Mitarbeiter und für 450 Millionen Europäer, *united for the better.*

Das war noch einmal eine große Herausforderung, ich nahm sie gern an. Ich leitete im Wechsel mit den anderen die Sitzungen des Parlaments. Mehr als 700 Abgeordnete, Frauen und Männer, vertraten damals 28 Staaten, heute 27, Großbritannien ist ja jetzt raus.

Sie organisieren sich in sieben Fraktionen, und diese repräsentieren wiederum an die hundert unterschiedliche Parteien. Es sind in dieser Reihenfolge: Die »Europäische Volkspartei«, die »Progressive Allianz der Sozialdemokraten«. Dann meine Fraktion, die »Allianz der Liberalen und Demokraten für Europa«, heute nennen sie sich »Renew Europe«. Danach die Fraktion der Grünen und der Freien Europäischen Allianz und die Fraktion »Identität und Demokratie«. Das ist die Rechte. Marine Le Pen und auch ihr Vater saßen damals noch nebeneinander im Parlament. Mir gegenüber waren sie immer sehr höflich, gepöbelt wurde draußen. An sechster Stelle sind »Europäische Konservative und Reformer«, in ihr haben sich viele Polen und Ungarn versammelt. Platz sieben belegt schließlich »Die Linke«. Schaut man vom Präsidium in den Saal, sitzen die Kommunisten links und die Rechten rechts. Was wir gewohnt sind, als politische Meinung zu verorten, ist Sitzordnung.

Es ist ein Kommen und Gehen und ein Hin und Her. Wer irgendwann merkt, er ist nicht richtig in seiner Fraktion im Parlament oder mit seinem Dasein nicht vereinbaren kann, Kompromisse zu machen, wird von der Geschäftsordnung als »unabhängig« geführt. Die Unabhängigen, wie sie sich nennen, könnten eine eigene Fraktion bilden, wären sie mindestens 23 Abgeordnete aus mindestens fünf Ländern. Aber genau das wollen sie ja nicht.

Man muss sich auseinandersetzen mit ihnen. Lügner und Demagogen sind unter ihnen, sie rauben Nerven. Man wird ja doch noch einmal sagen dürfen, sagen sie. Ja, dürft ihr, sagte ich. Und dann muss man sich streiten mit ihnen; sie erklären das Projekt der Aufklärung zum Scheitern, fabulieren vom Recht des Stärkeren, faseln von Gemeinschaft und pflegen doch nur Narzissmus und Zynismus. Die Demokratie, sie muss immer wieder verteidigt werden, sie ist nicht selbstverständlich. Die Vereinfacher machen Strecke, sie kommen vorwärts, weil sie den Enttäuschten Tauschgeschäfte anbieten. Sie schieben Schuld auf andere, auf Ausländer, die Alten. Die Schwachen. So genau wollen sie gar nicht wissen, sie versprechen Übersicht in unübersichtlicher Zeit. Eine Weltformel.

Die Angst vor Fehlern, die Angst vor Irrtum, die Angst vor Widerspruch: Sie erschwert echten Fortschritt. Vorwärts immer, rückwärts nimmer ist aber auch nicht die Lösung. Kapitalismus, Kommunismus, oben, unten: Da wird es für die Mitte schwierig.

Mein Job war verhandeln. Ich war zuständig für die Zusammenarbeit mit den Parlamenten der EU-Länder. Außerdem arbeitete ich im Vermittlungsteam, wenn es mal hakte mit der Gesetzgebung und man sich einigen musste, zwischen den Institutionen. Ich holte Meinung ein, ich gab Meinung weiter, stets um Ausgleich bemüht. War zu Gast beim belgischen König und dem Dalai Lama, begrüßte den brasilianischen Präsidenten und Angela Merkel, pendelte zwischen den Hauptstädten. Ich versuchte zu leben, was in der Grundrechtecharta der Europäischen Union so würdig geschrieben steht: »Die Völker Europas sind entschlossen, auf der Grundlage gemeinsamer Werte eine friedliche Zukunft zu teilen, indem sie sich zu einer immer engeren Union verbinden. In dem Bewusstsein ihres geistig-religiösen und sittlichen Erbes gründet sich die Union auf die unteilbaren und universellen Werte der Würde des Menschen, der Freiheit, der Gleichheit und der Solidarität. Sie beruht auf den Grundsätzen der Demokratie und der Rechtsstaatlichkeit. Sie stellt den Menschen in den Mittelpunkt ihres Handelns, indem sie die Unionsbürgerschaft und einen Raum der Freiheit, der Sicherheit und des Rechts begründet.«

Mein Plan war, nach Ende der Legislaturperiode im Sommer 2014 den Job zu beenden. Als Vizepräsidentin des Europäischen Parlaments. Mit einer prima Visitenkarte, »Madame la Présidente«.

Verleugnung

Eine Frau, hat Michèle Morgan mal gesagt, kann jederzeit hundert Männer täuschen, aber nicht eine einzige Frau. Das klingt zwar hübsch, stimmt aber leider nicht, ich habe es erlebt. Ich habe mich täuschen lassen. Von mir. Ich wusste es besser, ich wollte nicht wissen. Wie es in mir aussah, ging keinen was an. Auch mich nicht. Ich war mein eigener Missbrauch. Stimmt das? Ich weiß es nicht. Darf ich das sagen über mich?

Mein Werden und Scheitern hat auch mit Verleugnung zu tun. Der Verleugnung von Zärtlichkeit. Von Schönheit. Von Verletzbarkeit. Tausende Jahre Patriarchat haben uns alle ordentlich programmiert. Hart bleiben, keine Schwäche zeigen. Sich keine Blöße geben, den dicken Mann markieren (schon mal was vom Markieren einer dicken Frau gehört?), durchsetzungsstark sein. Cool sein und distanziert, Abstand halten. Nichts an sich heranlassen. Verordnete Verherrlichung. Wir merken schon bei den Worten, wem was zugeschrieben wird. Wie sähe Verfraulichung aus? Wäre auch nicht gut, aber nur mal so, als Anregung, wir haben es ja nie probiert. Input, Output, Performance. Und das Beste gerade gut genug. Konkurrenz statt

Kooperation. Ich habe das ja auch gedacht, ich wusste es nicht besser. Ich wollte mithalten.

Heute denke ich, ich hätte offen sagen sollen, dass es weh-tat und ich schlicht in keiner guten Verfassung war, doch dafür war meine Angst zu groß. Gute Miene zum bösen Spiel macht einen fertig und zynisch und verändert die Persönlich-keit. Verändert stimmt nicht so ganz, diese Möglichkeit ist eben auch in jedem Menschen angelegt: dass man verbittert. Es kommt auf deine Erfahrungen an, auf deine Haltung, auf deinen Umgang mit Angst. Hätte ich keine Angst gehabt, meinen Status zu verlieren, hätte ich keine Angst gehabt vor weiterer übler Nachrede, hätte ich keine Angst vor dem Ein-geständnis gehabt, es versucht zu haben und gescheitert zu sein: Es wäre mir besser ergangen. Aber ich dachte, es nicht besser zu wissen, ich habe versucht, ich habe mir Mühe ge-geben, ich dachte, ich gebe mein Bestes.

Dieses ganze Verstellen, dieses Nicht-ernst-Nehmen, was man fühlt, dieses Abblocken: Wie sähe unsere Welt aus, wür-den wir wirklich sagen, was wir denken? Wenn wir bei uns sind, wenn wir versuchten, unserer Furcht wahrhaftig zu be-gegnen. Nicht so tun, als ob. Das ist was, schau es dir an, schie-be es nicht fort. Ja, wir machen uns Sorgen. Und noch mal. Und immer wieder. Wir schieben Sorgen vor uns her, aber wir fürchten uns, genau zu sehen, was diese Sorge treibt. Es ist ein Gefühl der Unruhe, man macht sich Gedanken, spielt Situatio-nen durch und sorgt sich. Ich habe Sorge, dass. Sorge ist aber nicht Angst. Sorge sorgt dafür, dass wir uns nicht wirklich mit Angst beschäftigen, dass wir sie nicht zulassen, Sorgen tun nur ein bisschen weh. Wenn die Sorge weg ist, ist dann auch die Angst weg? Leon Windscheid beschreibt das in seinem Buch über Gefühle ganz gut: »Mit Sorgen betäuben wir uns gegen die Angst. In einem leicht angespannten Dauerzustand, in dem wir nie ganz zur Ruhe kommen, fühlen wir uns vorbereitet und halten so die eigentliche Angst, die den Sorgen zugrunde liegt, auf Abstand.«[23]

Was ist der erste Reflex, wenn Menschen in eine Krise geraten? Sie leugnen. Wollen nicht wahrhaben. Wird schon werden, halb so schlimm. Krank? Ach. Arbeitslos? Nein, nur eine kreative Pause. Wir hoffen und glauben, dass die Gesetze des Lebens, das Auf und Ab, die Ängste und die Beschwerden einen großen Bogen um uns machen. Und wir die Dinge im Griff haben.

Ich schaute nicht hin, und ich wollte es auch nicht. Es hätte mich abgehalten von der Arbeit. Sie erfüllte mich. Sie war meine Droge, ich nahm sie gern. Ich war nicht allein mit dieser Einstellung, im Gegenteil. Horst Seehofer, mal Innenminister, mal Ministerpräsident von Bayern und auch mal Bundesminister für Gesundheit, beschrieb Politik als »so etwas wie eine Sucht«.[24] Da hatte er bereits eine lange und schwere Herzkrankheit hinter sich und drei Wochen auf der Intensivstation. Aber bereits während der Erholungsphase in der Rehaklinik habe es wieder »gekribbelt«. Gregor Gysi erklärte nach drei Herzinfarkten und einer Hirnoperation, er habe »in der Politik die Souveränität über sich« aufgegeben. »Du verfügst nicht mehr über dich: nicht über dein öffentliches Bild, nicht über dein Image, nicht über deine Zeit.«[25] Und Erhard Eppler, Sozialdemokrat und Pazifist, schrieb: »Politik als Beruf gehört nicht nur zum Gefährlichsten und Abgründigsten, worauf Menschen sich einlassen können, sondern auch zum Faszinierendsten, Spannendsten, ja Schönsten.«[26]

Wie viele andere in der Politik wollte ich meine Müdigkeit nicht akzeptieren, nicht meine Erschöpfung, nicht meine Sehnsucht nach Stille. Nur für einen kurzen Moment, zum Nachdenken. Innehalten. Innehalten, das ist auch so ein schönes altes Wort, ich liebe alte Wörter. »Alles hat heutzutage seinen Gipfel erreicht«, schreibt Baltasar Gracián, »aber die Kunst, sich geltend zu machen, den höchsten.« Gracián war ein spanischer Schriftsteller und Seelenführer, so nannte man damals Menschen, die andere begleiteten, auf ihrem Weg in ein Wissen über sich selbst. »Mehr gehört jetzt zu Einem Weisen«, sagte er, »als in alten Zeiten zu sieben: und mehr ist erfordert, um in diesen Zeiten mit einem einzigen Menschen fertig zu werden, als im vorigen mit einem ganzen Volke.«

Er dachte seine Sätze vor über vierhundert Jahren. Es hat sich viel verändert seitdem, aber so viel auch wieder nicht.

Liegen bleiben

Die Operation war sehr gut gelaufen. Der moderne Fortschritt machte, dass ich wieder schnell auf die Beine kam. Vorsichtig übte ich erste Schritte. Tastete mich in mein neues Leben. Irgendwann konnte ich mich bis an das Ende des Flures schleppen. Dort stand ein Kaffeeautomat.

Mein Zimmer war hell und ruhig. Die Uhr an der Wand zeigte mir Zeit an. Ich sah zu, wie sie verging. Es war ein gutes Gefühl. Die Zeit ging, und ich blieb liegen. Bitte, fragte ich die Ärzte, darf ich noch verlängern, kann ich noch ein wenig hierbleiben, es tut mir gut. Dieses einfach Da-sein-Dürfen. Dieses nichts mehr erreichen müssen. Dieses umsorgt werden.

Ich dachte an Denis. Den Mann, der Frauen repariert. So nennen die Menschen in Afrika Dr. Denis Mukwege.

Der Gynäkologe kümmert sich in seinem Krankenhaus um Frauen, die Opfer einer Vergewaltigung wurden. Im Kongo und nicht nur dort ist Vergewaltigung eine Waffe. Die Soldaten der Regierung tun es, die Rebellen tun es. Denis stört ihr Tun, er steht für das Leben. Ich mag seine weiche, warme Art, seine sanfte Stimme. Ein leiser Mann, wissend und überzeugt von seiner Aufgabe. Er lebt in großer Gefahr, natürlich habe ich Angst, sagt er. Aber er stemmt sich gegen das Böse, er bleibt heiter, er ist tapfer. Was soll ich auch sonst tun, sagt er, ich muss es tun, ich werde es tun. Ich werde die Menschen nicht alleinlassen in ihrem Leid. Vor wenigen Jahren wurde er mit dem Friedensnobelpreis ausgezeichnet. Und ich bin sehr stolz, dass ich Denis auch für unsere Stiftung gewinnen konnte, er sitzt im Vorstand.

Ich war weit weg und fühlte mich doch verbunden mit ihm. Es war schön, an ihn zu denken. Und ich war dankbar für viele andere Begegnungen in Afrika, irgendwie zieht es mich immer dahin.

Mich beeindruckt, wie die Menschen dort ihr Leben meistern. Und in Gemeinschaft versuchen, Gleichgültigkeit zu trotzen. Ich bin gerührt von ihrem Bemühen, im Miteinander den Glauben an eine bessere Welt zu leben.

In Afrika fühle ich mich zu Hause. Dort verbrachte ich die ersten Lebensjahre, dort wäre ich zum ersten Mal fast gestorben. Das verbindet. Ich bin oft in Kigali, der Hauptstadt Ruandas. Eine der modernsten Städte Afrikas, die ich kenne. Hier schicken Ärzte Blutkonserven mit der Drohne.

Ich hatte wenig Ahnung von Ruanda, bis ich in Brüssel Robert kennenlernte. Ein cooler Typ, der Baseballcaps sammelt und mich in seine Heimat einlud. Du musst wissen, sagte er, was bei uns passiert ist, und wie wir versuchen, mit dem Ungeheuren umzugehen. In einem der schönsten Länder der Welt starben 1994 in hundert Tagen achthunderttausend Kinder und Männer und Frauen. Robert überlebte, die Eltern hatten ihn als Student nach Europa geschickt. Seine Mutter wurde bestialisch getötet, sein Bruder auch, mit einer Machete.

Wir in Europa verfolgten nicht, was da geschah. Wir waren beschäftigt mit Wiedervereinigung und *winds of change*. Und mitverantwortlich für das, was dort geschah.

Die Völker der Tutsi und der Hutu hatten in Frieden gelebt, bevor erst die Deutschen und dann die Belgier das Gebiet des heutigen Ruanda unterwarfen. Die Kolonialisten begannen, Körper zu vermessen, Nasen, Ohren, Münder. Oh, du bist groß, du bist ein Tutsi, oh, du bist klein, du bist ein Hutu. Sie teilten ein und säten Hass. Es war gut für ihr Geschäft, Menschen gegeneinander aufzuhetzen. Es ist eine lange Geschichte, die Geschichte von Hass und Gewalt. Seit es Menschen gibt, bringen sie sich gegenseitig um. Wir haben das nur vergessen, aber natürlich ist das so. Unsere kulturelle Leistung ist, dass wir Mechanismen gefunden haben, die Gewalt einzudämmen.

Und Institutionen etabliert haben. Die Erfindung des Rechtsstaats gehört dazu. Der Internationale Strafgerichtshof in Den Haag konnte später unmöglich alle in diesem Völkermord begangenen Verbrechen ahnden. In Ruanda überlebten nur 20 von 785 Richtern.

Wie weiterleben, nach dem großen Morden? Was tun? Eine neue Regierung entschied, sich alter Traditionen zu erinnern. Einem Rechtssystem, das vor dem Überfall der Europäer über Jahrhunderte funktioniert hat, der »Gacaca«. In zehntausend Gerichtsverfahren wurden Täter verurteilt. Sie mussten glaubhaft machen, dass es ihnen leidtat und erklären, wie sie ihre Taten sühnen wollten. Und sich entschuldigen. Entschuldigung ist ein zu harmloses Wort; Robert erklärte mir, dass dieses Prozedere unter allen schlechten Möglichkeiten das vielleicht beste war. Der Täter wurde am Ende seiner Rede gefragt, was er zu tun gedenkt, um wiedergutzumachen. Ein merkwürdiger Begriff, Wiedergutmachung.

Von der Frage, wie glaubwürdig sein Sagen war, hing der weitere Umgang mit dem Täter ab. Manche sagten, sie teilen von nun an die Hälfte ihres Einkommens mit der Familie ihrer Opfer. Andere sagten, sie ziehen aus ihrem Haus aus und überlassen es den Hinterbliebenen der Getöteten. Heute gibt es in jedem Ort Gedenkstätten dort, wo Männer mit Macheten mordeten. Und jeden letzten Samstag im Monat kommen alle für Gemeinschaftsaufgaben zusammen, es ist Pflicht, ob Postbote oder Ministerin. Alle räumen in den Dörfern auf, streichen Schulen an, bessern Löcher aus. Man sieht in Ruanda keinen Müll auf den Straßen, Plastiktüten waren verboten, lange bevor Europa auf diese Idee kam.

Ruanda ist heute das Land, in dem sich mehr Frauen politisch engagieren als irgendwo anders auf der Welt. Sechs von zehn Parlamentariern sind Frauen. Robert kennt einen der Mörder, es war sein Nachbar.

Absturz

Glück, sagte mal ein schlauer Mensch, ist, was einem erspart bleibt. James drückte mir ein Buch in die Hand, hier, lies mal. Es war von Viktor Frankl aus Wien. Der Psychiater und Psychologe hatte vier Konzentrationslager überlebt und es vermocht, nach dem Krieg seine Erinnerungen und Beobachtungen in der Hölle zu Papier zu bringen. Ich blätterte ein wenig und dachte, was soll ich damit, das ist ein Bericht aus einem Lager, das kann man doch nicht mit meinem Leben vergleichen. Stimmt, sagte James, aber da stehen auch andere Dinge drin, vielleicht interessieren sie dich, der Mann beschreibt sehr genau Mechanismen und Muster und Grundzüge menschlichen Handelns.

Ich las, erst zögernd, dann immer neugieriger. Was Frankl über das Leiden sagt. Über seine Angst, über den Tod, über die Gewissheit, nur der »bloße Mensch« zu sein, ohne Geld, Macht und Ruhm. Nicht gesund und nicht glücklich, Launen ausgeliefert, der Schikane und dem Zynismus. Namenlos und nackt, herabgewürdigt auf ein Häufchen Elend.

Mit dem Gefühl zu leben, »hinter seiner eigenen Leiche«[27] herzuziehen.

Frankl beschrieb seinen Kampf auf verlorenem Posten. Und doch vermochte Frankl, einen Sinn zu sehen in seinem Sein, und es ist nicht so, dass er leicht reden hatte.

Er versuchte, diesen Sinn über den Erfolg zu definieren. Einen Erfolg, der sich nicht an Siegen in der Welt bemisst und dem Ruhm da draußen; sondern eher und vor allem an einer inneren Stärke. Einem Emporwachsen zu wahrer menschlicher Größe und einer geistigen Freiheit, die dem Menschen nicht zu nehmen ist, bis zum letzten Atemzug.

Mich berührten seine Worte sehr. Vom sinnhaften Sein und dem Wirklichmachen. Zu wirken. Seine Worte wirkten in mir. Sie zogen langsam ein in mein Leben, sie bewegten mich. Ich war an einem guten Ort, ich war da, wo wir Antworten versuchten auf große Fragen, mochten sie auch noch so komplex sein und fordernd und einen bisweilen erschöpfen. Wir hatten ein großes gemeinsames Projekt, das Haus Europa, es war jede Mühe wert.

Ich achtete mehr auf mich. So viel schon war passiert. Mobbing. Totgeburt. Zusammenbruch. Ich versuchte, mich besser zu organisieren und mir mehr Pausen freizuschaufeln. Ich wollte die Zeit im Parlament nutzen, ein bisschen zu helfen, dass Europa Heimat wurde für zivilisatorischen Fortschritt. Ein echtes Bemühen um Menschlichkeit. Und ich war stellvertretende Präsidentin dieser Versammlung, wie schön.

Doch dann dieser Tag. Es war Frühling und mein siebtes Jahr im Parlament. Wir hatten uns zur Teambesprechung an einem langen Tisch versammelt, als Georg Streiter, damals mein Sprecher, auf seinem Handy Meldungen checkte. Guttenberg ist zurückgetreten, sagte er, du bist die Nächste. Ich schaute ihn an. Du meinst, sagte ich, wegen meiner Doktorarbeit? Ja, sagte Georg, wenn die bei dem einen was finden, dann suchen sie auch bei anderen. Plagiatsjäger hatten sich Guttenbergs Doktorarbeit vorgenommen und damit begonnen, Sätze und Passagen mit bereits veröffentlichtem Material zu vergleichen. Und das werden sie auch mit deiner Doktorarbeit tun, sagte Georg, da sind sie scharf drauf.

Karl Theodor zu Guttenberg, damals Verteidigungsminister und als Nachfolger von Angela Merkel gehandelt, Shootingstar der CDU, hatte sich ein paar Wochen gewehrt, dann warf er hin. Georg las vor: »Ich habe in einem sehr freundschaftlichen Gespräch die Frau Bundeskanzlerin informiert, dass ich mich von meinen politischen Ämtern zurückziehen werde, und um meine Entlassung gebeten. Es ist der schmerzlichste Schritt meines Lebens. Und ich gehe nicht allein wegen meiner so fehlerhaften Doktorarbeit, wiewohl ich verstehe, dass dies für große Teile der Wissenschaft ein Anlass wäre. Der Grund liegt im Besonderen in der Frage, ob ich den höchsten Ansprüchen, die ich selbst an meine Verantwortung anlege, noch nachkommen kann.«

Ich kümmerte mich nicht weiter, kann passieren, dachte ich. Ich hatte zu tun, es war wie immer viel los. Ein paar Tage später kam Georg in mein Büro und sagte, siehste, ich hatte recht. Er legte mir die neuesten Nachrichten vor. Der neueste Plagiatsfall: Silvana Koch-Mehrin, stellvertretende Präsidentin des Europaparlaments, FDP.

Man hatte sich auch über meine Doktorarbeit gebeugt. Und Stellen gefunden. Ich sagte, das stimmt nicht, es stimmt einfach nicht. Nicht so.

Es ging vor allem darum, dass ich an vielen Stellen keine Quellen genannt hatte, und so der Eindruck entstand, das Geschriebene stamme von mir. Und es stimmte, ich hatte schlampig gearbeitet. Das geht natürlich nicht und ist nicht in Ordnung bei einer wissenschaftlichen Arbeit. Ich hatte unbedingt einen Doktortitel gewollt, vor allem, weil für Frauen nicht die Kompetenzvermutung gilt. Ich dachte, nein, ich wusste, einer Frau Doktor Koch-Mehrin würde mehr Respekt entgegengebracht. Nicht, kochen Sie erst mal Kaffee.

Es hatte mir anfangs Spaß gemacht, die Promotion zu schreiben. Ich verbrachte Monate in Archiven und recherchierte die frühe Geschichte der Europäischen Gemeinschaft, am Beispiel der Lateinischen Münzunion in der Zeit von 1865 bis 1927. Ein spannendes Thema, dachte ich, eine spannende Zeit, es ging schon damals um den Versuch, eine europäische Einheitswährung zu etablieren. In dieser historischen Währungsunion blieben Frankreich, Italien, Belgien, Griechenland und die Schweiz politisch souverän, waren aber über Geld miteinander verbunden: Vertrauen sollte zu Währung werden. Es war eine anfangs interessante, am Ende doch eher lähmend langweilige Forschung. Den ganzen Tag allein in deinem Zimmer, allein vor dem Computer, und diese Arbeit würden im Höchstfall vielleicht zwei, drei Leute lesen.

Es sollten mehr werden. Die historische Währungsunion zwischen Wirtschaft und Politik unter besonderer Berücksichtigung der Lateinischen Münzunion interessierte plötzlich mehr Leute, als es mir recht war. Diese Arbeit wurde zu einer willkommenen Gelegenheit, mich abzuservieren. Ehrlich gesagt, ich war am Ende nur noch genervt von der Doktorarbeit und wollte sie vom Tisch haben. Zweihundert Seiten sollte ich schreiben, zwanzig davon waren das Ergebnis meiner Recherchen in Archiven, die waren einigermaßen in Ordnung. Die anderen Seiten galten der Einordnung und dem Einblick in über siebzig Jahre europäische Geschichte. Napoleon der Dritte tauchte auf und Wilhelm Zwo, unzählige andere Zeitgenossen, Historiker und Publizisten, die bereits etwas über die Herrschaften geschrieben hatten. Ich trug zusammen und gab nicht immer an aus welchen Quellen. Ich nahm auch Berichte, die als unwissenschaftlich eingeordnet und somit nicht als Beleg akzeptiert wurden. Ich fand darin aber die Dinge gut erklärt und nicht so umständlich beschrieben, wie es Akademiker so oft tun.

Um es kurz zu machen: Das reicht nicht. Nimmt man die Sache ernst, muss man sich an die Standards halten. Ich habe ungenau gearbeitet, und das tut mir leid. Ein Plagiat ist ein Betrug und Diebstahl geistigen Eigentums. Ich war wie erschlagen, als der Vorwurf kam, ich hätte in meiner Doktorarbeit teils mehrseitige Passagen samt Fußnoten aus fremden Texten nahezu wortgleich übernommen, ohne diese kenntlich zu machen. Ich arbeitete noch einmal sämtliche Stellen durch, ich wollte mich rechtfertigen, ich wurde fast paranoid. Aus meiner Partei null Solidarität; andere Kollegen, mit denen ich nie gerechnet hätte, meldeten sich und ermutigten mich, Elmar Brok, Günther Verheugen, Lothar Bisky oder Günter Oettinger, um nur einige zu nennen. Helm auf und ab in den Graben, meinten sie.

Ich hielt dem öffentlichen Druck nicht stand. Was mir blieb, war, den Zeitpunkt des Rückzugs selbst zu bestimmen und nicht unwürdig lange zu warten. Kontrolle im Unkontrollierbaren, das war mir wichtig. Und so trat ich wenige Wochen später zurück, mit diesen Sätzen: »Mit sofortiger Wirkung lege ich mein Amt als Vorsitzende der FDP im Europäischen Parlament nieder. Infolgedessen bin ich auch ab sofort nicht mehr Mitglied des Präsidiums der FDP. Ich hoffe, dadurch meiner Partei den Neuanfang mit einem neuen Führungsteam zu erleichtern. Mit sofortiger Wirkung trete ich auch von dem Amt der Vizepräsidentin des Europäischen Parlaments zurück, um nicht in führender Position ein Ziel für Angriffe auf die einzige demokratisch legitimierte Institution der Europäischen Union zu bieten. Ich möchte mit diesem Schritt auch verhindern, dass meine gesamte Familie durch die öffentliche Diskussion weiter belastet wird. Was meine Dissertation betrifft: An der Universität Heidelberg habe ich die Arbeit 1999 eingereicht, und dort wird sie jetzt überprüft. Ich möchte, dass diese Prüfung nun vertraulich, fair, nach rechtsstaatlichen Maßstäben und ohne Ansehen der Person durchgeführt und nicht dadurch belastet wird, dass ich herausgehobene Ämter innehabe.«

Ich räumte mein großes Büro und zog in ein kleines.

Ich war am Ende. Alles vorbei, Karriere, Reputation, das Vertrauen erschüttert. Ich stand da wie eine Verbrecherin, Beleidigungen im Internet, schreckliche Anrufe, Drohungen. Meine Mitarbeiterinnen und Mitarbeiter meinten, sie ertragen es nicht mehr, wir schalteten unsere Media-Kanäle ab. Die Zeitungen druckten Bilder, ich sah fertig aus. Frank Plasberg lud mich in seine Sendung *Hart aber fair*.

Ich könne dort »in vertrauensvoller Umgebung« endlich mal sagen, was los ist.

Ich ging nicht hin.

Chemotherapie

Die Zeit im Krankenhaus war eine gute. Ich verließ das Krankenbett mit großer Zuversicht. Meine Narbe und ich, wir wuchsen zusammen. Ich gewöhnte mich an meinen neuen Zustand, jetzt ist gut, dachte ich, ich bin wieder gesund. Ich war dankbar. Ich brauche bestimmt keine Chemotherapie, dachte ich. Ich will das nicht, sagte ich den Ärzten.

Wir verstehen das, sagten sie. Aber wir empfehlen diese dringend. Als Präventivmaßnahme. Die Operation ist sehr gut verlaufen, aber wir können nicht garantieren, dass der Krebs nicht streut.

Vor Chemo hatte ich eine wahnsinnige Angst. Allein die Vorstellung, Angstschübe. Gedanken an den Tod. Daran, dass ich es doch nicht schaffe. Ich überlegte, wie und wo ich begraben werden möchte, und irgendwie war dies ein beruhigender Gedanke. Komisch, dachte ich.

Aber ich wollte leben. Und vertraute den Ärzten. Gut, dann mache ich das. Auch das noch.

Die Medikamente waren sehr stark, sie wurden mir über einen Katheter in die Venen gepumpt. Gleich in die Herzschlagader und sofort verteilt. Hinein in meinen Körper, was er nicht erträgt und doch jetzt braucht. Die Finger wurden dünner und die Nägel wurden schwarz.

Durfte ich endlich nach Hause, hatte ich nach zwei Stunden das Gefühl, tagelang nicht geschlafen zu haben. Ich kam mir vor wie ein Zombie, ich begriff Worte nur mit einiger Verzögerung, es wurde immer erst sehr viel schlimmer, bevor es ein bisschen besser wurde. Viermal hintereinander dieses Hammermedikament, im Abstand von jeweils zwei Wochen. Und danach eine Spritze, dass sich wieder weiße Blutkörperchen bilden, sie waren weg, die mussten weg, das Medikament wirkt sonst nicht, sagten die Ärzte. Ohne weiße Blutkörperchen können Sie nicht leben, Sie brauchen diese Spritze.

Dann irgendwann die zweite Phase, zwölf Wochen lang, nur noch einmal die Woche die gleiche Prozedur.

Ich hing an Schläuchen. Du wirst anders, wenn du an so einem Schlauch hängst. Chaos, Panik, wirres Zeug. Ich hatte mir vorgenommen, stark zu sein. Achte auf deinen Atem, zähle die Züge, ein, aus. Die Chemo ist dein Freund, es ist gut so. Ich sagte mir was, ich wollte Ruhe reinbringen. Wenn mir nichts mehr einfiel, wiederholte ich das Mantra von Anne. Du wirst diesen Krebs besiegen. Du wirst nicht sterben. Du wirst.

Immer wieder. Gutes Zureden, Silvana, das schaffst du. Du bist schon so weit, es ist nicht mehr weit. Ich gehe da ganz ruhig hin, ich bin stark, ich weiß, was kommt, ich bleibe ruhig.

Ich kenne die Prozedur, es ist kein unbekanntes Risiko, ich weiß, was es ist und wann was an der Reihe ist. Aber wenn es anders war, wenn zum Beispiel die Schwester kam und eine

Kollegin mitbrachte, die ich noch nicht kannte, verlor ich die Nerven. Darf ich Ihnen unsere Auszubildende vorstellen, Madame Kosch-Märän sie begleitet mich, sie will das lernen, Menschen heilen, ich hoffe, Sie sind damit einverstanden, Madame?

Ich war es nicht, ich räusperte mich, ein Räuspern vielleicht, aber was sollte ich sagen? Ich dachte, wenn die jetzt sagt, schauen Sie, das ist jetzt so und so und dann müssen Sie das so und so legen und ich lag da und musste zugucken, wie da jemand probierte, der das noch nie gemacht hatte: nein.

Aber ich habe natürlich nichts gesagt, ich habe bestimmt nicht begeistert geguckt, ich konnte gar nicht richtig gucken. Denk an den Atem, mach es, bitte, atme. Früher hatte ich gedacht, die mit ihrem Atem, das ist ja auch so ein Spruch, über den man sich lustig macht, tief einatmen, Brauner, entspann dich, so etwas. Das sagen nur die, die keine Ahnung haben; dein Atem ist deine Bastion. Dein Halt, dein Ein. Dein Alles. Lebensversicherung. Versuche mal, deinen Atem anzuhalten. Halt mal die Finger an deine Nase und, ach, das weiß doch jeder.

Ich hörte nicht, was die Krankenschwester sagte, ich verkroch mich. Ich umarmte meinen Atem, ja, das tat gut, umschloss mich mit ihm, ich brachte mich in Sicherheit, mir blieb nichts anderes und doch so viel.

Ich war von diesen Geräten abhängig, und wenn da mal ein Fehler war und etwas piepte, war gleich Alarm, was ist jetzt, ich kann nichts machen, bitte, was ist hier los, die Krankenschwester sofort zur Stelle. Komisch, was kann das jetzt wieder sein. Wissen Sie, Madame, wir haben den Hersteller gewechselt, das ist jetzt eine andere Firma, die Filter sind zu fein, wir haben neue und stellen um, und wir sollten Ihnen die Infusion heute lieber manuell geben.

Sie haben dann Spritzen angesetzt, immer wieder, mit einer Flüssigkeit für mein Blut. Wenn das Leben Sinn hat, hat Frankl gesagt, dann hat auch das Leiden Sinn. Das hier war mein Schicksal. Und wer sich gegen sein Schicksal, also gegen das, wofür er wirklich nichts kann und was er sicher nicht ändern kann, auflehnt, der hat den Sinn des Schicksals nicht erkannt, das sagt Frankl auch. Puh, schwere Kost.

Was mir blieb, war zu ertragen. Ohne Macht zu sein, ohnmächtig. In mir war eine Bande unterwegs, sie lauerte darauf, mich zu plündern. Sie wollte mir alles nehmen. Ich dachte an James, ich dachte an meine Töchter, meine Brüder, meine Mutter. Wenn ich mal mehr Luft hatte, sagte ich, komm, Körper, wir machen das jetzt zusammen, wir tun das auch für James und meine Töchter. Ich sprach mal laut und mal leise zu mir, und die Ärztin sagte, machen Sie das ruhig, und denken Sie nicht, Sie sind verrückt.

Wir werden allein geboren und müssen allein sterben, jeder seinen eigenen Tod, hat Rilke mal gesagt. Dieser Gedanke, dass wir endlich sind, eines Tages geboren, eines Tages wieder zu gehen, dieser eigentlich unerträgliche Zustand, dieser Skandal: Ist diese Vorstellung des Verlassenwerdens nicht der eigentliche Grund, dass wir so viel Angst haben?

Und dann muss es einen Moment gegeben haben, als die Angst vor einer Vernichtung wich. Weil ich diese verdammte Angst annahm und akzeptierte und irgendwann begrüßte, hallo, ach, da biste ja wieder. Gut geschlafen?

Dieser Moment war ein Moment der Verbundenheit, mit einer unzerstörbaren Kraft, sie war in mir. Und sie lag frei da, sie war nicht bedeckt mit Annahme und Sorge und Vorstellung. Das Wesentliche, mein Wesen, ich trug mich bei mir. Heimat, in mir wohnen, bei mir sein, mit mir sein. Ich war einem Geheimnis auf der Spur. Verwandelt, die Welt.

Ohne Titel

Mir war klar, dass ich keine Chance hatte. Aber ich wollte sie nutzen, ich wollte mich nicht kampflos ergeben. Der Dekan der Heidelberger Universität rief zum Rapport. Ich hatte dort zuletzt studiert, hier hatte ich meinen Doktor gemacht. Gemacht, so sagt man.

Die Vorwürfe wogen schwer, ein Verfahren war angestrengt. Ich trat an, mich zu rechtfertigen. Ich war Frau Doktor seit nun elf Jahren, nix mit cum laude und mit Schleifchen, aber es hatte gereicht. Nun saß ich wieder hier und höflich und freundlich die Atmosphäre. Respektvoll. So schön kann Hinrichtung sein, dachte ich. Ich dachte nicht wirklich daran, dass man mir den Kopf abreißt. Aber ich dachte auch nicht daran, meinen Kopf aus einer Schlinge herauszuziehen, Wörter wieder. Was wir alles noch so sagen.

Ich hatte mir Mühe gemacht und alles noch einmal genau angeschaut. Und sämtliche beanstandeten Stellen eingeteilt: in Vorwurf gerechtfertigt, in schludrig gearbeitet, aber nicht wirklich schlimm, in, na ja. Unschuldig, Euer Ehren. Ich kam, es wunderte mich nicht, zu einem anderen Ergebnis als die sogenannten Plagiatsjäger.

Das Prozedere währte ein paar Stunden, dann war ich befreit. Von meinem Titel. Nicht mehr Frau Doktor. Nur noch Frau. Es war nur Formsache, dass man dies mir später schriftlich gab. Ich hatte mich vorher schon entschieden, diesen Titel nicht mehr tragen zu wollen, nicht mehr auf Anschreiben, Visitenkarten, Briefpapier.

James hatte mein Titel nie interessiert. Er fand meine Haare schön.

Er nahm mich in den Arm und sagte: Vergiss den Doktortitel. *Fuck it,* sagte er, *let's go bowling.* Das ist ein Satz aus *The Big Lebowski.* Einer unserer Lieblingsfilme. Ein Althippie, der eine ruhige Kugel schiebt und sich Dude nennt. Walgesänge hört und in der Badewanne Joints raucht. Wir haben keine Badewanne, falls jemand fragt. Der Film nimmt Fahrt auf, als zwei Typen ins Spiel kommen; sie verwechseln den Nichtsnutz mit einem Millionär, was nicht immer ein Unterschied ist, und wollen ran an seine Kohle. Ein einziges Gedöns.

Der Film, sagt Filmemacher Joel Coen, einer der beiden Coen-Brüder, beschreibe eine hoffnungslos komplexe Handlung, die am Ende unwichtig ist.

In seiner Familie war James der Erste, der mit einem Bachelor nach Hause kam. Seine Mutter war sehr stolz. Sie hatte sich sehr auf die Zeremonie gefreut, James nahm sie mit zur feierlichen Beglaubigung seines Jurastudiums im eleganten Blackhall Place, von Engländern gebaut. Dies auch noch in der Hauptstadt, Dublin. Die feierliche Prozedur sollte unter

Hinzufügung ständerechtlicher Klamotte stattfinden. Hut mit Bommel und schwarzer Umhang wie bei *Harry Potter*, befremdliche britische Bräuche. James aber lehnte die koloniale Kleidungsposse ab, er fand es falsch, einen auf Engländer zu machen. Ein Jackett musste reichen, steht ihm auch gut. James wollte den Kram partout nicht anziehen, er kam also nur im Anzug. Der Dekan zog die Augenbrauen hoch und überreichte das Zeugnis trotzdem.

Als in seiner Kanzlei später der *casual friday* eingeführt wurde, also mal ein Tag ohne Krawatte, erschien James im T-Shirt. Darauf stand: »I'm not only perfect, I'm Irish too«. Sein englischer Vorgesetzter mahnte ihn: *It's casual, not crap,* James. Höflich übersetzt: unangemessen. Seitdem und zu meiner eigenen Sicherheit führten wir in unserem partnerschaftlichen Miteinander eine neue Regel ein: Sollte James als Mann an meiner Seite gefragt sein, würde ich seine Garderobe aussuchen. Oder besser: überhaupt, was er anzieht.

Einmal, beim Bundespresseball, trug er einen traditionellen Kilt und wurde zum heißesten Rock des Abends gekürt. Was tragen Sie darunter, wurde er gefragt. Socken und Schuhe, sagte James. Man kann ihn eigentlich überall mit hinnehmen.

Großeltern

Mein Leben war plötzlich Problem. Ich erkannte mich selbst nicht wieder. Ich begann mir die Fehler der anderen zu merken. Ich war misstrauisch. Im Schlechtreden war ich gut. Das bekam soziopathische Züge, eigentlich war ich anders groß geworden. Meine Eltern sind zugewandte Menschen, ich teilte als Jugendliche mein Zimmer mit einem Mädchen aus Bosnien. Sie war wie eine Schwester. Ein anderes Mal lernte mein Vater im Zug eine Familie aus Afghanistan kennen und meinte, sie könnten bei uns wohnen, bis sie was Eigenes gefunden haben. Meine Mutter kümmerte sich später auch um Menschen aus Syrien, die Welt zu Gast bei Freunden. So wurde ich groß. Und doch so kleinlich. Jede Vermutung eines Angriffs wurde sofort gekontert. Ich wartete nur darauf. Kann ich gut, ich bin schnell. Bevor mir jemand etwas sagen wollte, hörte ich schon nicht hin. Es war in Wahrheit auch keiner da, der mir was hätten sagen können, ich hatte keine Zeit. Ein unzuverlässiger Kantonist für Familie und Freunde, und meine Heiterkeit war auch weg. Omi las von mir. Was Silvanchen gerade macht, was andere mit ihrem Silvanchen machen. Ihr tat das weh. Ich wurde hart und zynisch. Omi nicht. Sie saß schön in ihrem Sessel und freute sich, wenn ich jeden zweiten Tag anrief. Mit über achtzig Jahren war sie noch Mitglied geworden in der SPD. Sie hatte immer gemeint, Politik sei nichts für Frauen wie sie, so hatte sie das gelernt. Ich sagte, Omi, wenn du denkst, das ist gut, was ich mache, kannst du dich doch nicht nicht einmischen. Stimmt eigentlich auch, sagte sie. Ich war dabei, als der Oberbürgermeister ihr das Parteibuch aushändigte, und ein Stück Kuchen gab es auch. Das müssen wir feiern, sagte er, unser ältestes Neumitglied. Omi war zwölf, als sie von der Schule gehen musste und als Verkäuferin arbeitete. Ihre Mutter war Schneiderin und Putzfrau, ihr Vater starb im Ersten Weltkrieg, an Fleckfieber an der Front. James hat das Grab in Rumänien gefunden, als er dort mit dem Rad unterwegs war, in einem Vorort von Bukarest, da war ein Lazarett. Er fand das Grab mithilfe der Kriegsgräberfürsorge; die Leute dort leisten wirklich eine beeindruckende Arbeit, sie gaben ihm die exakten Koordinaten. Omi dachte immer, sie sei nicht schlau genug. Sie war natürlich superschlau. Mit 15 Jahren schon war sie Chefin und leitende Verkäuferin und die Schnellste im Kopfrechnen. Im Kartenspiel konnte ihr sowieso keiner. Im Krieg musste sie immer wieder umziehen, dreimal ausgebombt. Ihr Bruder kämpfte in Stalingrad und kam verstört aus der Kriegsgefangenschaft zurück. Im Wirtschaftswunder machte sie den Führerschein und kaufte ein kleines Auto. Mit ihrer Schwester fuhr sie darin nach Marbella. Sie schenkte mir den Ring, den mein Opa ihr geschenkt hatte, als es ihnen wieder gut ging, nach all der schlechten Zeit. Sie hatte ihren Wilhelm beim Wandern kennengelernt, am Lagerfeuer und beim Singen. *Komm, lieber Mai, und mache.* Mein Opa, 1909 geboren, verließ auch mit zwölf Jahren die Schule. Noch größer sein Glück, als er während seiner Lehre zum Dreher einen Daumen verlor. Und so später nicht in den Krieg musste. Er schlief nur bei offenem Fenster. Dass ich seinen schönen Ring mit den kleinen Diamanten verloren habe, kann ich mir nicht verzeihen. Omi wurde 99 Jahre alt, sie musste sich irgendwann nicht mehr zu tun machen. Sie starb friedlich.

Sie war immer sehr stolz auf mich, wenn sie mich im Fernsehen sah. Ich war für sie immer das Silvanchen, und sie schnitt mir Apfelschiffchen. Bei ihr durfte ich so sein, wie sie mich kennengelernt hatte. Wie ich mich kannte. Wie ich dachte zu sein. Sie wohnte zuletzt in Köln. Bei uns am Rhein. Da sagt man immer, ich sag ja nix, ich red doch nur.

Ich war vierzig und hatte Krise. Die ganze FDP hatte Krise. Guido Westerwelle trat nach zehn Jahren als Vorsitzender zurück, die FDP war in den Umfragen abgestürzt. Eine Landtagswahl nach der anderen ging verloren, und mir ging es auch ganz schlecht. Weil in mir was kippte. Ich konnte nicht mehr schlafen, ich konnte kaum essen, ein Schlückchen Wein, und ich fing an zu weinen. Der Doktortitel war mir längst schnuppe. Aber die Abgründe an Hass, an Beschimpfung, Beleidigung, Bedrohung, in Mails, Artikeln, Kommentaren, auf Twitter, Facebook und im Fernsehen: Ich ertrug sie nicht. Es ist einfach, einen Menschen fertigzumachen. Man bekommt eine Vorstellung davon, wenn die Meute tobt. Zur Jagd bläst. In Brüssel war ich einigermaßen geschützt, meine Nachbarn sind keine Deutschen, sie verfolgen nicht unsere Nachrichten.

Ich fuhr mit meiner Freundin Kerstin ein paar Tage weg, nur raus aus dem Rummel. Kerstin berät Unternehmen. Kennt Leute. Das Auf und Ab. Sie hat die Gabe, die Dinge direkt auf den Punkt zu bringen, sie tut es am liebsten ungefragt. Sie sagt Leuten auf den Kopf zu, ich glaube, es geht dir nicht gut. Ich rufe jetzt einen Arzt. Ich melde dich zur Therapie an. Du hast eine Krise. Es ist ein bisschen fordernd, für alle. Aber meistens hat Kerstin recht. Und sie sagt es immer aus Liebe.

Dies Ding mit dem Plagiat, sagte sie, das ist das Beste, was dir je passieren konnte. Ich glaube, ich habe gesagt, du hast überhaupt keine Ahnung von nichts. Deine ganzen Sprüche, Coaching, Quatsch. Lass mich in Ruhe.

Ich glaube, ich bin aufgestanden und habe erst mal Luft geschnappt, so eine dumme Kuh. Echt, was bildet die sich ein, war noch nie in der Politik, hat noch nie einen Artikel über sich selbst gelesen und keine Ahnung, wie das ist, in der Öffentlichkeit zu stehen. Ich war total aufgebracht und noch schlimmer: jetzt kommt zum Ende einer Karriere auch noch das Ende einer Freundschaft. Ich kannte Kerstin seit vielen Jahren, sie kannte meine Geheimnisse, meine Sorgen, wir waren wechselnd schwanger, wir haben die Klamotten getauscht, sie ist Patentante meiner zweiten Tochter, ich war ihre Trauzeugin. Sie blieb dabei: Besseres als diese Nummer mit der Doktorarbeit hätte dir nicht passieren können. Und fabulierte noch irgendwas von ungewollten Lerngeschenken, die man annehmen sollte. Sie ist eine meiner besten Freundinnen.

2004, in dem Jahr, in dem ich zum ersten Mal in das Europäische Parlament gewählt wurde, veröffentlichte der Spiegel-Reporter Jürgen Leinemann sein Buch *Höhenrausch*. Darin beschreibt er Politiker als Abhängige, die sich vormachten, alles im Griff zu haben. Dabei entgleitet ihnen ihr Ich ebenso, wie die Wirklichkeit, in der das wahre Leben sich abspielt, sagt Leinemann. Er beschreibt die Flucht vor der immer unangenehmer werdenden Realität aus Selbstzweifeln, Furcht vor dem Scheitern und quälenden Fragen nach dem persönlichen Preis für die Karriere. Ich hatte das Buch auch gelesen, aber lange Zeit als nicht relevant für mich empfunden. Ich dachte: na, das betrifft ja nur die absoluten Spitzenpolitiker, ich spiele in einer anderen Liga, keine Sorge.

Aber wie viele andere im Politikbetrieb merkte auch ich nicht, wie ich mir immer mehr äußeren Betrieb zumutete und immer mehr innere Freiheit nahm. »Meist wollen sie es nicht wahrhaben«, sagt Leinemann, und er hat so recht. »Vielleicht ist Politik an der Grenze dessen angesiedelt, was Menschen leisten können, ohne, um es biblisch zu sagen, Schaden zu nehmen an ihrer Seele.«[28]

Ich las das Buch und dachte, die armen Leute. Meine Güte, wie schlecht muss es ihnen gehen. Sie schrieben von mir.

Wie geht es dir?

Ich hatte keine Kraft zu lesen, ich hatte keine Kraft, Musik zu hören. Ich war einfach nur noch da, und es war leider kein meditativer Zustand. Was mir half, war, mit anderen Frauen zu reden, einfach zu reden, einfach zu sagen, was jetzt gerade ist. Nur das, und nicht zu werten, was man da sagte.

Auch die Haare waren weg. Ich fand es nicht schlimm. Kahlkopf, *so what*. Ich trug meist eine Perücke; nicht, weil da nichts war. Sondern, weil ich nicht angesprochen werden wollte, wie geht es dir, wie kommst du klar, das war erschöpfend.

Die Schmerzen waren nicht das Problem, es war so vieles einfach nicht mehr möglich. So muss es sein, dachte ich, wenn du alt bist, ich war gerade Ende vierzig. In der Mitte meines Lebens und am Ende. In mir nicht mal die Energie, mich zu bemitleiden, dass ich keine Energie habe. Wenn alles zu viel ist, eine wichtige Erfahrung. Ich hatte mal von einer Initiative gelesen, die Altsein simuliert. Zum Beispiel in den Supermarkt gehen mit dicken Handschuhen, Gewichten an Knöcheln. Bewegen ist schwer, Sachen nehmen oder halten kompliziert. Dazu noch eine Brille, die alles unklar werden lässt. So war das nun bei mir, allerdings war es kein gewollter Selbstversuch. Jetzt kenne ich das Gefühl. Die Frustration. Die Angst, nicht mehr die kleinen Dinge zu können, und andere mit Langsamkeit zu nerven. Wie wäre es, wenn wir lieber miteinander wären? *Love is all you need.* James und die Kinder kümmerten sich rührend, die Nachbarschaft nahm Anteil. Im Gemüseladen legte die Verkäuferin immer noch einen Apfel extra in den Einkaufskorb, der ist für dich, sagte sie.

Irgendwann probierte ich langsames Yoga. Nach der ersten Stunde kam meine Lehrerin und sagte, klasse, dass du hier bist. Sie nahm mich in den Arm und begann zu weinen. Wir weinten beide, es brach aus uns heraus. Die anderen Frauen kamen, wir alle weinten. Es war weder kitschig noch pathetisch. Wichtig war auch Barbara, meine Krebs-Schwester. Sie ist es streng genommen nicht, also nicht wirklich, aber ich fühle so. Eine Freundin meinte, ruf Barbara an, ihr werdet euch verstehen, ihr braucht euch nicht zu sehen dafür. Barbara machte auch gerade eine Chemotherapie. Erst dachte ich, es sei vielleicht übergriffig oder aufdringlich, aber dann fasste ich mir ein Herz. Hallo, Barbara, ich bin Silvana, meine Freundin meinte, wir sollten uns mal kennenlernen, ich habe auch Brustkrebs. Sie sagte, wie schön, dass du dich meldest, sie hat mir von dir erzählt. Wie geht es dir?

Wie geht es dir? Eine Frage, schon so oft gehört, bedeutete mir plötzlich so viel. Barbara hatte ich noch nie getroffen; wir verstanden uns sofort, es war eine umwerfende Erfahrung, ganz toll. Von da an telefonierten oder schrieben wir jeden Tag, welche Farbe hat dein Medikament, schaffst du es schon, länger als eine halbe Stunde spazieren zu gehen, hast du auch so einen metallenen Geschmack im Mund? Nach ein paar Wochen trafen wir uns zu einem Kaffee. Wir sprachen über unsere Kinder, wir sprachen über unsere Angst, und wir nahmen uns an die Hand.

Je mehr ich mich öffnete, je mehr ich zuließ, je mehr ich erzählte von dem, was mich bewegte, und je mehr ich mich einer Schwäche nicht schämte, umso größer wurde die Welt. Mein Blick war ein anderer. Ich musste nicht mehr, ich durfte jetzt. Ich war am Leben, und das Leben war schön.

Eines Tages waren James und mein Bruder auch oben ohne. Haare ab. Und meine Töchter trugen Perücken. Wir alle trugen Perücken. Ich war überwältigt. So viel Liebe.

Frauensache

Meine Partei entsandte mich in den Handelsausschuss des Parlaments. Und in den, der sich mit den Rechten von Frauen und der Gleichstellung der Geschlechter kümmert. Ich saß nicht mehr vorn, ich saß hinten. Die Plätze im Europäischen Parlament werden in alphabetischer Reihenfolge vergeben, nach Nachnamen, mit K ergeben sich da ganz andere Perspektiven. Ich konnte die meisten anderen sehen, sie mich aber nicht mehr so gut. Gar nicht schlecht.

Im Handelsausschuss ging es um Globalisierung. Um Europas Geschäfte mit der Welt. Russland, China, Kanada. Ich fuhr nach Moskau, ich war in Ottawa. Handelspolitik, das ist Außenpolitik mit Geld.

Frauenausschuss war eine Nummer kleiner. Frauenrechte, Familiengeschichten. »Gedöns«, meinte mal ein deutscher Bundeskanzler. Ich dachte ähnlich.

Es war eher die kleine denn die große Politik. Ich war von oben nach unten durchgereicht worden. Ich fühlte mich gedemütigt. Verbannt und abgeschoben. Aus der FDP meldete sich niemand mehr. Auch die Einladungen wurden weniger. Ich hatte verloren. Meine Tochter freute sich, dass ich sie von der Schule abholen konnte, das war wichtig zu der Zeit, sagte sie. Da war sie sechs Jahre alt. Es tat ihr gut und mir auch.

Ich haderte. Frauenausschuss, was soll das sein? Das ist doch keine Politik. Sagte ich so, ich dachte gar nicht darüber nach, was ich da an Meinung in die Welt setzte. Eher missmutig saß ich in meiner hinteren Reihe. Ich dachte, das ist eine Klageweiber-Versammlung, wie schrecklich das Leben ist für Frauen. Nach Vereinbarkeit von Familie und Politik fragte mich niemand mehr. Musste auch keiner.

Ich war unzufrieden. Es gibt nur wenige Menschen, die mir was bedeuten, dachte ich, zu denen sage ich noch Danke. Aber alle anderen, die können mich mal. Ich rutschte in dunkle Stimmung, die Welt war schlecht. Meine Freundinnen versuchten Trost, aber was, so dachte ich, verstehen die schon von meinem Geschäft. Ich war unleidlich.

Nicht mehr stellvertretende Präsidentin zu sein war kein Problem für mich. Als Politiker musst du das einpreisen. Mich machte der Hass fertig, der Hass, der mich erreichte, im Internet oder auch in Briefen. Dieser Hass in Blicken, dieses Abwenden auf dem Flur. Madame la Présidente, perdu. Verloren, was? Diese Brutalität zu erleben, es waren nur Worte, es waren keine Macheten, es war trotzdem traumatisch. Ein schreckliches Erlebnis. Ich werde für keinen mehr einen Finger krumm machen, sagte ich mir. Leute, die mir früher hinterherliefen, hey Silvana, grüßten nicht mehr. Ich will mit niemandem mehr was zu tun haben, ich lass keinen mehr in mein Leben, ich bleibe zu Hause, ich habe fertig.

So ist das also, dachte ich. Eines Tages lief mir Miguel über den Weg, mein Kollege im Präsidium des Europäischen Parlaments. Ich war die Ex, er war noch *in charge*, als stellvertretender Präsident des Europäischen Parlaments. Ich fragte ihn, ob wir einen Kaffee trinken könnten, gern, sagte er. Er fragte, wie es mir geht, ich machte Andeutungen.

Ich fragte ihn, ob er manchmal Angst habe. Miguel Angel Martínez saß zwei Wochen im Kerker von Franco, als Spanien noch eine Diktatur war, so lang ist das noch nicht her. Zwei Wochen war er gefoltert worden, man hatte ihn mit dem Hals an die Wand gekettet. Sag mal, Miguel, ist da nicht ein großer Hass auf die Menschen, die dir das angetan haben?

Miguel schaute mich ruhig an. Ich kann dich verstehen, sagte er, Silvana, aber du darfst nicht selbst in Hass versinken, du musst dich schützen, auch vor deiner Missgunst. Schau genau hin, versuch zu denken. Du hast die Wahl: Du kannst hassen. Oder versuchen, das Gute zu finden, das, was liebenswert ist.

Mir hat das geholfen, sagte er, in meiner Not, ich habe das Böse verbannt aus meinem Leben, ich will dem Bösen keine Macht geben. Miguel ist der einzige Mensch, der ohne Krawatte vor den spanischen König treten darf. Darauf ist er stolz. Er kann kein Hemd mehr schließen, zumindest nicht die oberen Knöpfe, es löst Panik in ihm aus, Spätfolgen seiner Haft. Ich dankte ihm für seine Zeit.

Ich las noch einmal bei Frankl nach. Über seine Zeit in den Lagern der Nationalsozialisten, über seine Versuche, mit dem Leben zurechtzukommen, trotz allem. Die Frage kann nicht mehr lauten, schrieb er: Was habe ich vom Leben zu erwarten? Sondern darf nur mehr lauten: Was erwartet das Leben von mir?

Ich versuchte zu begreifen, auch diese Worte verfehlten ihre Wirkung nicht. Ich hatte Posten und Funktion verloren, einen Titel auch: Aber das war doch alles nicht wichtig, ich war noch da. Und hier waren Möglichkeiten.

Ich war eine gewählte Parlamentarierin, ich konnte mich nicht einfach so gehen lassen. Wer war ich denn, was bildete ich mir ein? War ich nicht auch in die Politik gegangen, für die Rechte von Frauen zu streiten? Ich wollte doch hier sein, das war doch mein Wunsch. Hier, an diesem Platz, feierlich immer wieder in festliche Worte gekleidet. »Die Stunde ist gekommen«, sagte Papst Franziskus in seiner Ansprache vor dem Europäischen Parlament, »gemeinsam das Europa aufzubauen, das sich nicht um die Wirtschaft dreht, sondern um die Heiligkeit der menschlichen Person, der unveräußerlichen Werte; das Europa, das mutig seine Vergangenheit umfasst und vertrauensvoll in die Zukunft blickt, um in Fülle und voll

Hoffnung seine Gegenwart zu leben. Es ist der Moment gekommen, den Gedanken eines verängstigten und in sich selbst verkrümmten Europas fallen zu lassen, um ein Europa zu erwecken und zu fördern, das ein Protagonist ist und Träger von Wissenschaft, Kunst, Musik, menschlichen Werten und auch Träger des Glaubens ist. Das Europa, das den Himmel betrachtet und Ideale verfolgt; das Europa, das auf den Menschen schaut, ihn verteidigt und schützt; das Europa, das auf sicherem, festem Boden voranschreitet, ein kostbarer Bezugspunkt für die gesamte Menschheit!«

So langsam kehrte ich wieder zu mir zurück. Im Frauenausschuss diskutierten wir viel über die Würde des Menschen. Darüber, was sexualisierte Werbung mit Mädchen macht, über das Recht auf Elternzeit nach der Geburt. Darüber, neue Handelsverträge an die Einhaltung von Respekt und Gleichbezahlung von Frauen und Männern zu knüpfen. Ich möchte mich an dieser Stelle bei den Kolleginnen und Kollegen entschuldigen, für das, was ich damals dachte.

Es machte alles Sinn. Hier war ich richtig, hier war ich bestimmt richtig. Hier geht es um was. Wir waren mehr Frauen als Männer und uns meist einig, was richtig wäre. Da war eine gemeinsame Ungeduld, der Wunsch, wirklich etwas zu bewegen und die Dinge klar zu benennen. Wir sprachen, was Angst mit Menschen macht, wie Angst die Politik beherrscht, wie viel Energie wir verschwenden, wenn wir einander bekämpfen.

Ich fühlte mich hier nicht nur im Einklang mit dem, was ich politisch bewegen wollte, sondern auch in einem lebenswerten menschlichen Miteinander, wie ich es zuvor so noch nicht erlebt hatte. Ich kam von Tricksen, Tarnen, Täuschen.

So lang hatte ich das Gefühl gehabt, allein auf mich gestellt, eine Einzelkämpferin zu sein, hier fand ich Kolleginnen und Kollegen. Und meine Furcht schwand, dass jemand nur darauf wartete, mir beim geringsten Fehler in den Rücken zu fallen. Sie halfen mir, mich von alter Denke zu emanzipieren. Unsere größte Entdeckung war, was uns miteinander verbindet; wir taten, was der große Schweizer Schriftsteller Friedrich Dürrenmatt einmal so beschrieb: »Man darf nicht aufhören, sich die Welt vorzustellen, wie sie am vernünftigsten wäre.« Da war nicht mehr die Furcht, dass jemand nur auf einen Fehler wartet, das Messer wetzt, dir in den Rücken fällt. Wir haben uns unsere Geschichten erzählt und nicht nach Schuldigen gesucht. Sondern nach Lösungen.

Irgendwann dachte ich dann, dass ich mich vielleicht auch jenseits von der Arbeit im Ausschuss und nach meiner Zeit im Parlament in einem Verein von Politikerinnen, parteiübergreifend und international, engagieren könnte. Ich fragte herum, ob es so eine Organisation gab, die die Arbeit unseres Ausschusses auf andere Art und Weise praktizierte, doch ich fand keine. Und dann die Idee: Ich mache es selbst. Ich gründe eine Organisation, die Politikerinnen weltweit zusammenbringt, fern der Tagespolitik, einen permanenten Austausch, miteinander ins Gespräch zu kommen. Dass wir Einfluss nehmen auf den Lauf der Dinge und Teil werden der Lösung. »Women Political Leaders« hat ein großes Ziel, und das hat zwei Seiten: mehr Frauen in die Politik, mehr Einfluss für Frauen in der Politik.

Dort, wo Frauen das Sagen haben, wendet eine Regierung weniger militärische Gewalt an und gibt mehr Geld für die soziale

Sicherheit aus. Das ist Ergebnis einer Untersuchung der US-amerikanischen One Earth Future Foundation. Ein Think-tank, der Selbstverständlichkeiten neu interpretiert. Auch die NATO hat berechnet, dass Friedensverträge, die von Frauen mitverhandelt wurden, langer halten und besser durchdacht sind. Viele Studien belegen, wie Frauen immer noch benachteiligt und in ihrer Würde verletzt werden.

Einmal im Jahr veröffentlicht die Weltbank Daten zur gesetzlichen Lage von Frauen und Männern weltweit. Hier eine Zahl aus dem Jahr 2019: Nur in sechs Staaten haben Frauen die gleichen Rechte wie Männer.[29] Mehr als die Hälfte der unbezahlten Arbeit wird von Frauen verrichtet. Frauen in Deutschland verdienen im Schnitt 18 Prozent weniger als Männer. Von der Rente ganz zu schweigen. Frauen verdienen weniger, aber ihr Leben ist teurer. In vielen Ländern zahlen Frauen viel mehr in die Krankenversicherung ein als Männer, weil sie durch Schwangerschaft, Geburt und Nachsorge mehr Termine beim Arzt haben. Nur drei von zehn Managern sind Frauen, und Studentinnen erhalten weltweit seltener Stipendien. Die Arzneimittelforschung orientiert sich eher an der männlichen Gesundheit. Wie Medikamente wirken, wurde bislang vor allem an männlichen Versuchsgruppen getestet. Die Ergebnisse männlicher Studienteilnehmer können aber nicht so einfach auf Patientinnen übertragen werden. Erst in den letzten Jahren setzt sich das Wissen durch, dass Medikamente bei Frauen anders wirken als bei Männern. Auch Algorithmen werden eher mit männlichen Daten gefüttert.

Die Dinge ändern sich, wenn Frauen mitentscheiden. Der Zusammenhang ist eindeutig und nachgewiesen. In Neuseeland, zum Beispiel, heißt es in den Supermärkten jetzt nicht mehr »Damenhygiene«. Sondern »Periodenprodukte«. In Schweden und Norwegen und Island haben Frauen und Männer den gleichen Anspruch auf Mutter- oder Vaterschaftsurlaub. Die Afrikanische Union hat eingeführt, dass alle Führungspositionen zur Hälfte mit Männern und Frauen besetzt werden. Und hier in Deutschland streiten wir immer noch über Quoten.

Mich interessieren Geschichten von Menschen, die über sich hinauswachsen. Mehr tun, als sie mussten. Menschen mit Verantwortung, die ihrem Gewissen verpflichtet bleiben und die Welt zu einem besseren Ort machen wollen. Ich finde es falsch, wenn der Klügere nachgibt. Es darf nicht sein, dass sich jene, die sich einfühlen können und empathisch sind, zurückziehen, leise werden, wenn die anderen laut sind. Schweigend geht die Welt zugrunde.

Ich konnte das Präsidium des Europäischen Parlaments überzeugen, mit mir zu einem zweitägigen Gründungskongress einzuladen. Es war das erste Mal in der Geschichte, dass sich Parlamentarierinnen aus aller Welt zu einem großen Treffen versammelten. Es kamen 600 Abgeordnete aus 120 Ländern. Regierungschefinnen, Parlamentspräsidentinnen und Nobelpreisträgerinnen waren der Einladung gefolgt; unter ihnen Rebeca Grynspan, die stellvertretende Präsidentin Costa Ricas, und Jóhanna Sigurðardóttir, Regierungschefin von Island.

Ellen Johnson Sirleaf, die Friedensnobelpreisträgerin und Regierungschefin von Liberia, war auch da. Sie hatte geschafft, einen blutigen Bürgerkrieg zu beenden. »Dieses Kind«, hatte ein alter Mann ihrer Mutter wenige Tage nach der Geburt prophezeit, »wird groß und stark werden. Dieses Kind wird ganz nach oben kommen.« Ellen hielt die schönste Rede: *If your dreams do not scare you, they are not big enough.* Wenn du keine Angst vor deinen Träumen hast, sind sie nicht groß genug.

Krise

Mir war am Anfang nicht klar, wie so ein Ire tickt. Ich kaufte mir ein Buch, Gebrauchsanweisung für Irland, ich mache ja gerne alles gründlich. Man versteht die auch nicht, sie sagen dauernd »fuck«. »Fuck« ist bei denen wie bei uns »äh«. Die Lektüre half, James besser zu verstehen. Unter anderem, unsere unterschiedlichen Zeitvorstellungen einigermaßen anzugleichen. Verabredeten wir uns beispielsweise um fünf Uhr am Nachmittag, war ich fünf Minuten früher da. James kam eine halbe Stunde später. Ich war sauer, er wusste nicht, warum. Auf seiner Insel hat man Zeit, wer kommt, der kommt. Es gilt nicht als respektlos, wenn man warten muss. Kulturelle Differenzen, hat man ja immer. Wir einigten uns schließlich, zukünftige Treffen mit dem protokollarisch exaktem Zusatz »nach deutscher Zeit« zu vereinbaren. Die irische Zeit kannte ich ja schon.

Iren sagen auch Nein, obwohl sie Ja meinen. Wir hatten mal drei seiner Freunde zu Gast, ich reichte Kuchen und fragte, wollt ihr noch ein Stück, sonst räume ich ab. Die waren dann ganz erstaunt, sie wollten noch, aber wagten nicht zu fragen, das kennt der höfliche Ire nicht, sofort Ja sagen.

Damit James so leben kann, wie er will, braucht es nicht viel. *Happy wife, happy life,* sagt er immer. Er hat für alles einen Spruch. Einen Vorrat an Wörtern und Redewendungen, die er mit Bedacht einsetzt. Kurze Sätze sparen Zeit. Man muss nicht alles in Worte fassen. James redet ja auch nicht mit Fischen. James beherrscht sechs Sprachen, von Irland bis Kroatien versteht ihn jeder.

Aber manchmal rückt er nicht mit der Sprache raus. Dann sitzt man schweigend am Tisch und denkt, was hat er nur. Er hatte Krise. Mit Symptomen, die nicht mal er ignorieren konnte. Als Jurist war er für internationale Unternehmen tätig. Schriftsätze vorbereiten, Vertragsverhandlungen, Klagen, Abweisen von Klagen, alles, was Juristen so machen. Gefahren im Voraus antizipieren und Missverständnisse schaffen, bevor man sie ausräumt. Ausgebufft, das Gewerbe.

James wollte nie so richtig Jurist werden, aber seine Eltern wünschten es sich. Er hatte keinen Plan. Jura ist bestimmt gut, sagten sie. Sie wollten nur das Beste für ihn. Seine Eltern hatten gesagt, wenn du sehr gute Noten hast, machst du Medizin, oder Jura. Sie hatten auch Priester für ihn überlegt, aber James konnte das rechtzeitig abbügeln. Ich rechne ihm das hoch an. James war nach drei Jahren fertig, Studium abgeschlossen, mit zwanzig Jahren. In Irland geht das schnell. Dann direkt in den Job, drei Jahre arbeiten als Rechtslehrling. Nach 25 Berufsjahren gestand er sich ein, es reicht jetzt.

Seine Krise, zumindest diese, die uns allen dann doch irgendwie auffiel, muss sich über Jahre angebahnt haben. Eine vernünftige Krise, die kommt nicht einfach so, sie schleicht um einen herum. Und irgendwann hat sie dich.

Bei James bemerkten wir das an seinem Gang. Was ist mit Papa los, meinte meine Tochter. Der geht so komisch. James ging so: Er streckte seinen rechten Arm aus und stützte diesen am Gelenk mit dem linken. Und dann immer auf und ab, hoch und runter. So als würde er winken. So schlich er durchs Haus und schien schlecht gelaunt. Das passierte vor allem dann, wenn er mit Verträgen zu tun hatte und Stress bei der Arbeit. *Contract elbow*, meinten die Kinder, sie gaben seinem Gebaren einen Namen, wie in einem Film. Hörte sich ein bisschen an wie Flying Fox oder Sitting Bull. Unser Mann hieß fortan Contract Elbow, der mit dem Ellbogen.

James lachte nicht mal darüber. Komm, James, was ist los, fragte ich. Wir saßen an unserem großen Tisch, dort, wo immer alles passiert. Hier wird besprochen, welche Schulfächer, hier wird besprochen, welche Freunde, hier wird besprochen, ob Flopsy die nächste Wurmkur braucht. Flopsy sucht auch immer ihren Kauring, wir verstecken ihn in den Kartoffeln.

Ich sagte, James, was ist denn. Was zu sagen ist ja mein Job. Hast du eine Schleimbeutelentzündung, tut dir was weh? Ist was auf der Arbeit? Er nennt solche Momente *question torture*, aber anders kommt man nicht weiter bei ihm. Man muss dranbleiben, möglichst offene Fragen stellen, die er nicht mit Nein oder Ja beantworten kann, dass er sich vielleicht das eine oder andere Wort noch zusätzlich überlegt. Gespräch ist ja, wenn beide was sagen. Ich hatte die Gebrauchsanweisung für Irland längst um James erweitert. Ich will Männer nicht verstehen. Warum auch? Sie sind da, und man muss einen Umgang damit finden. Der beste Umgang für mich ist James.

Ich will vor allem, dass James happy ist. *Happy man, happy life.* Auch wenn es sich nicht reimt. So ein Mann mit schlechter Laune ist nicht gut fürs Gemüt. Ich kann so nicht arbeiten. Geht es ihm schlecht, geht es allen schlecht.

James hatte eine Menge aufgefangen, er war immer da, jetzt war er dran. Er hatte aus Versehen Karriere gemacht, wie meine Freundin Kerstin meinte. Sie kann auch meinen Mann erklären. Es ging immer gut weiter, drei Kinder, eine Frau und, ja, und dann? Über die Hälfte seines Lebens war James jetzt schon Jurist. Für manchen reicht das schon zur Rente. James wollte aber was Neues. Er wusste nur nicht was. In seinem Laden hingen längst Nerds in Kapuzenpullovern herum, tätowiert und mit Hörern auf dem Kopf. Und er bekam Ärger, wenn er mal in seiner Abteilung im Polohemd auflief.

Ihm reichte nicht mehr, das Zelt im Garten aufzustellen oder auch im Wald, James hatte mittlerweile seinen Radius erweitert.

Sag mal, fragte ich ihn, was willst du wirklich? Weiß ich nicht, sagte James. Ich sagte, was macht dir Spaß? Wir wechselten die Sprache. *What do you want? I don't know. What sparks joy?* Was macht Freude. Und dann sagte er: Fahrradfahren, Zelten, nicht reden müssen. Vielsagender Blick über den Tisch. Dann, sagte ich, mach das doch. Bleib so lang weg, wie du willst. Wir sind hier, und wir freuen uns, wenn du wieder da bist. Mir kamen die Tränen. Ich wollte nicht, dass er geht. Aber so ging es auch nicht.

James hatte hundert Gründe, die dagegen sprachen. Verträge, Konferenzen, Unaufschiebbares. Ich spürte, wie es in ihm arbeitete. Gedanken, Zweifel, Ängste. Ich kannte das. Kannst ja mal drüber nachdenken, sagte ich. Er wusste, mit diesem Schritt wäre er raus. So richtig. EdeKa: Ende der Karriere.

Wir hatten vorher gemeinsam ein Buch gelesen, das von Marie Kondo, dieser japanischen Aufräum-Philosophin. »Japanese Organizing Consultant« nennt sie sich. Kondo hat vier Bücher über Aufräumen geschrieben. Bei jeder Sache, sagt sie, solle man sich fragen, ob diese Freude macht. Wenn nicht, dann weg damit. James und ich fanden diese Herangehensweise sehr lustig, weil sie hilfreich ist und auch nicht. Bei Krebs klappt das nicht und im Krieg auch nicht.

Ein paar Wochen später war James weg. Ich brachte ihn und sein Fahrrad zum Bahnhof. Ich weinte. Bestimmt auch aus Freude.

Nach zwei Monaten war James wieder da. Er war vom Atlantik bis ans Schwarze Meer geradelt. 4.400 Kilometer weit. Einmal, zwischendurch, sind wir ihm mit dem Auto hinterhergefahren und haben ein Wochenende miteinander verbracht. James sah blendend aus. Das Draußensein, es tat ihm gut. An den Ellbogen fasste er sich auch nicht mehr.

Resilienz

Was wir wirklich brauchen, ist Resilienz. Die Fähigkeit zu widerstehen. Die Fähigkeit auszuhalten. Das Vermögen, uns selbst auszuhalten. Sich selbst zu akzeptieren mit all seinen Macken und all seinen Fehlern und nicht immer die erstbeste Lösung zu suchen. Zu verstehen, was nicht geändert werden kann. Oder, was noch nicht verändert werden kann, weil es Zeit braucht und

Durchhaltevermögen. Vielleicht auch mal das Gute im Schlechten zu sehen und sich zu fragen, was bedeutet dies jetzt für mich, was kann ich lernen. Sich zu fragen, woran es liegt, dass Dinge gut wurden und auch daran, dass sie schlecht waren.

Ich habe mal ein Seminar besucht, mit einer kleinen Gruppe von Leuten, die immer viel entscheiden müssen und verantwortlich dafür sind, dass genug Geld verdient wird, damit am Ende des Monats die Miete und die Mitarbeiter bezahlt werden können. Eines dieser Seminare, in dem man als Gruppe für ein paar Tage in die Natur verfrachtet wird. Fast wie in einem Zeltlager, das Wasser kam erst einmal kalt aus der Leitung, man musste es selbst warm machen, wollte man mehr.

Unsere Gespräche, streng vertraulich. Wir sprachen über Aufstieg und Fall, über Halt und Verlust. Wir widmeten uns auch Insekten und versuchten uns in Naturbeobachtung. Und wir waren uns einig, dass wir nach einem großen Zeitalter der Zerstörung nun unterwegs sind in eine Zeit, die bewahren muss. Dies uns aber schwerfällt.

Aber wir müssen endlich entschieden handeln und die Probleme wirklich angehen, jetzt, in diesen Zeiten, in denen wir meinen, einen Zusammenbruch zu erleben, einen Zusammenbruch unserer Vorstellung von dieser Welt, von unserer Welt.

In der Psychiatrie spricht man von einem *luzidum intervallum*, jenem lichten Moment, in dem Veränderung wirklich möglich ist. Einer Zeit des Erwachens, wenn der Patient im Vollbesitz seiner Potenziale ist und da keine Ablenkung ist, sondern Einsicht und Entschlossenheit.

Corona, Krieg und Klimakrise: Das Leben ist mehr als eine Lieferkette, die Verschwendung wertvoller Ressourcen ein

Verbrechen, der Übergang von Zerstörung zur Bewahrung ein Ziel, für das es sich zu kämpfen lohnt. Wenn wieder Routine ist und Trägheit, dann schwindet die Chance und die Bereitschaft, sich zu ändern.

Angst messen

Ist es eigentlich möglich, Angst wissenschaftlich zu erfassen? Oder besser: jenseits der Erzählung erfahrbar zu machen? Biologen haben es versucht, am Beispiel von Mäusen. Mäuse sind, soweit wir wissen, unter den Säugern unsere ältesten Verwandten. Die ersten lebten wohl vor 145 Millionen Jahren zu Zeiten der Dinosaurier, vielleicht auch noch viel früher. Mäuse sind Menschen sehr ähnlich, wir haben gemeinsame Vorfahren, die gleichen Organe und rotes Blut, wir können ihren Herzschlag mit einem Stethoskop messen. Sie blieben in der weiteren Entwicklung der Welt aber kleine Kriecher, während ein paar Affen, denen es zu blöd war, nur auf Bäumen zu sitzen, irgendwann zu Menschen wurden. Ich hoffe, ich gebe das alles korrekt wieder, aufrechter Gang, der Kehlkopf größer, das ganze Programm.

Ich finde Tierversuche schrecklich. Mit Mäusen machen die Menschen Versuche, zu viele, aber manche sind dann eben doch interessant. Die Frage ist, ob die Erfahrung von Angst vererbbar ist und an die nächste Generation weitergegeben wird. Unter den vielen wissenschaftlichen Versuchen gibt es einen besonders spannenden von der Emory University School of Medicine im US-amerikanischen Atlanta. Dort wurden Mäuse Stromschlägen ausgesetzt, sobald sie den Geruch von Kirschen wahrnahmen. Die Mäuse merkten sich: Dieser Geruch bedeutet Schmerz. Sie lernten so, Angst zu haben vor diesem Duft. Konditionierung. Die Nachkommen dieser Mäuse, obwohl nie mit Stromschlägen in Berührung gekommen, wurden bei dem Geruch von Kirschen panisch ängstlich. Deren Nachkommen auch. Ein generationsübergreifendes Trauma.[30]

Das Gegenteil von Angst ist Liebe. Die ist leider nicht vererbbar. Sie muss immer wieder neu entdeckt und gelebt werden. Es wäre schön, würde Liebe von Generation zu Generation weitergegeben, wir hätten dann nicht so viele Sorgen.

Dreimonatsfrau

Derzeit muss ich alle drei Monate ins Krankenhaus, das in Erfahrung zu bringen. Wie viel Leben ich noch habe. Ich gehe dahin, ich mache mich frei, und dann ist Ultraschall.

Die Routine der Behandlung beruhigt mich. Es geht um Leben. Nicht um Tod. Um gesund, nicht um krank. Das eine aber schließt das andere nicht aus. Es gibt nicht nur gesund oder krank. Man kann sehr krank sein und trotzdem leben, das ist das Tolle. Man muss keine Angst haben vor Krankheit: Du bist krank, bleibst aber am Leben. Ich dachte vorher auch in entweder oder. Jetzt denke ich in sowohl als auch. Jede Stunde erfahren acht Frauen in Deutschland, dass sie Brustkrebs haben. Jedes Jahr sind es siebzigtausend. Ich bin nicht allein. Ich bin eine von vielen, und ich weiß, dass es viele gibt, die sich den ganzen Tag überlegen, wie sie uns noch besser helfen können. Immer besser die Behandlung, immer besser die Maschinen, immer besser die Schmerztabletten. Du kannst heute sterben, ohne dass es wehtut.

Es gibt Menschen, die sagen, ich muss zum Arzt. Ich sage mittlerweile: Ich darf. Da ist jemand, der will nur das Beste für dich. Weil er auch nur das Beste für sich will. Ein gutes Leben, ein gutes Gehalt und die Genugtuung, das Richtige zu tun. Natürlich gibt es Probleme, aber Probleme sind dafür da, dass es sie gibt. Hätten die Tiere vor uns nie ein Problem damit gehabt, auf allen vieren durch die Gegend zu schleichen, hätten wir Menschen nie was auf die Beine gestellt.

Einmal im Jahr komme ich in die Röhre. Die Ärztin gibt mir ein Kontrastmittel, ich setze den Kopfhörer auf, und es rumst. Ich stelle mir dann vor, ich bin im Berghain. Diesem Technotempel. Ich war da zwar noch nie, aber dort wird es ähnlich sein wie bei der Einfahrt in die Röhre. So ein Maschinenhämmern, bum, bum. Ich bin immer wieder überrascht, welche Frequenzen das hat, mal hoch, mal tief, kann auch Bergwerk sein, ich war mal in einem, Pressluft-hammer, ja, vielleicht. Ich finde das gar nicht mehr schlimm, dieses Geräusch, es ist jedes Mal ein experimentelles Erlebnis. Ich fühl dann Techno. Ich fahre da immer in Bauchlage ein. Die Arme rechts und links vom Körper, das kennt man ja, das Gesicht auf einer Art Kissen wie bei Massage, mit einem Loch in der Mitte. Die Magnetresonanztomografie ermöglicht eine sehr exakte Erkennung von Tumoren im Gewebe. Was Gutartiges wäre mir am liebsten.

Meine ganze Anstrengung gilt meiner Flachatmung, bloß nicht husten oder gähnen, dann wackelt das Bild. Das will ich nicht, ich lasse es darauf nicht ankommen. Manchmal schlafe ich ein. Dann schaut irgendwas in mich hinein. Auf den Panik-button in meiner Hand achte ich schon gar nicht mehr. Ich habe mich an die Prozedur gewöhnt.

Das Ergebnis ist zwei Tage später da. Liegt ein Wochenende dazwischen, kann es länger dauern. Das ist die schlimmste Zeit. Nicht zu wissen.

Ich mache mir dann was zu tun. Ich gehe mit dem Hund raus, ich räume die Küche auf, ich probiere das mit dem Atem. Tief ein, tief aus. Klappt manchmal ganz gut. Ich habe mich auch

vor die Waschmaschine gesetzt und durch das Bullauge geschaut, wie die Wäsche sich dreht. Meine Töchter finden
nicht, dass ich verrückt bin. Die kennen mich.

In dieser Zeit versuche ich, die Kinder möglichst nicht zu
sehen. Ich bleibe dann länger im Büro, bis sie im Bett sind. Ich
will sie nicht belasten. Sie sorgen sich ja auch. Da ist so viel
Raum für Horror. Es ist alles geregelt und Testament ist geschrieben. Jeder weiß, was zu tun ist.

Dann geht die Tür auf, und die Ärztin sagt, kommen Sie rein.
Sie sind befundfrei.

Befundfrei ist mein Lieblingswort.

YEAAAAAAAAAAAHHHHHHHHHHHH!!!!!!!!!!!!!!
!!!!!!!!!!!!!!!!!!!!!!!

Ich brauche immer ein paar Stunden, bis ich mich wirklich
freuen kann. So von Ende auf Anfang denken dauert. Wieder neues Leben geschenkt: für 90 Tage oder 2.160 Stunden
oder 129.600 Minuten oder 7.776.000 Sekunden, wenn ich
richtig gerechnet habe. Wow, so viel. Was mache ich nur
damit?

Mein Körper realisiert als Erster. Der Unterkiefer entspannt
sich. Ich kann wieder bequem sitzen, meine Schrift ist
ordentlicher. Angst verschiebt Buchstaben, man zittert um
Worte. Es ist auch nicht schön, wenn du dein Herz pochen
hörst.

Mit jedem Besuch im Krankenhaus verlängert sich mein Leben. So war es jedenfalls bisher. Ich gewinne Zeit, mir Gedanken zu machen. Was ich noch alles tun, was ich noch alles lassen will. Mit welchem Menschen ich mehr Zeit verbringen möchte. Und ob ich endlich eine neue Hundeleine kaufe.

Was wäre also wirklich wichtig? Mal ehrlich und im Ernst? Wer will ich sein, wie wollen wir sein? Und wie wollen wir leben?

Wir brauchen möglichst viele Erfahrungen, und möglichst viele gute, nicht die von anderen, die eigenen. Nicht umsonst sprechen wir von einem Erfahrungsschatz. Auch Kinder brauchen zumutbare Krisen und das Gefühl, Schwierigkeiten meistern und einschätzen zu können, ohne dass Mama unterm Baum steht und Anweisungen gibt. Wir sollten großzügig sein und gütig und das pralle schöne Leben genießen. Feiern, tanzen, lieben.

Wir sind nicht allein auf der Welt. Wir sind verbunden mit den Dingen, verbunden mit den Menschen, verbunden mit allem, was lebt. Sich zu kennen und auf sich zu achten bedeutet nicht, ein Egoist zu sein. Nur wer sich liebt, kann auch die anderen lieben. Mehr Licht, Leute!

Ich wünsche mir eine Gesellschaft, die mit Angst selbstbewusst umgeht. Ich wünsche jedem, dass ihr und ihm klar wird, wann die Angst hilfreich ist und ein Ratgeber, wo lähmend und wann trivial. Wir sollten uns entscheiden, welche Bedeutung wir welcher Angst beimessen. Ich denke manchmal, dass ich ja tot war, bevor ich auf die Welt kam. Eine irre Vorstellung, ich mache dann die Augen zu und denke, wie war das eigentlich, als du noch nicht warst? Wer war vor dir? Ich komme nie weit, immer nur bis Opa und Oma. Kriege, Krankheit, Katastrophen.

Vor mir waren ganz andere am Ende ihrer Weisheit. Sie haben geliebt und gelitten, gesucht und versucht. Waren gut auf sich zu sprechen und innerlich doch verzweifelt. Wollten viel und bekamen wenig. Oder wurden, was sie sein wollten.

Irgendwo habe ich mal die Zahl gelesen, dass vor mir und vor uns schon 110 Milliarden Menschen gewesen sind. Jäger und Sammler, Schöpfer, Zerstörer. Helden und Feiglinge, Königinnen und Knechte, Mütter, Väter, Kinder. Auf einem blassblauen Planeten, einem klitzekleinen Punkt nur im unvorstellbar unermesslichen Universum. Einem einsamen Licht in kosmischer Dunkelheit. Es gibt da einen schönen Spruch, er stammt von Martinus von Biberach, einem mittelalterlichen Magier. »Ich komm' weiß nicht woher. Ich bin, weiß nicht wer. Ich leb und weiß nicht wie lang. Ich sterb' und weiß nicht wann, ich fahr' und weiß nicht wohin; mich wundert, dass ich fröhlich bin.«

Wenn die Angst nach mir lauert, so aus dem Heiteren, in der Nacht, am Tag, es gibt keine Uhrzeit, versuche ich, still zu werden. Leise. In mich zu horchen, was ist da los, hör mal genau hin. Ich realisiere dann erst einmal, dass ich noch atme. Wenn ich atme, lebe ich noch. Und wenn ich atme, bin ich noch. Dann wird's schon mal ein bisschen besser. Und denke, was ist jetzt gerade. Der Mond dreht sich noch immer um die Erde. Der Tag weicht noch immer der Nacht.

Ich bin eine Überlebende. So sagen die Ärzte, wenn eine Krebserkrankung überstanden ist. Eine Überlebende in einem noch hoffentlich langen Leben, das vor mir liegt. Ich habe das Schlimmste hinter mir, aber wer weiß das schon.

Die Angst ist gegenwärtig, jeden Tag. Manchmal denke ich nicht an sie, aber dann, plötzlich, klopft sie auf meine Schulter und sagt, ich bin noch da, vergiss mein nicht. Ich bin ein Teil von dir. Ich gehöre zu dir. Versuche nicht, mich zu verdrängen. Versuche nicht, mich abzuschieben. Versuche nicht, mich zu ignorieren.

Versuche nicht, mich einem anderen zu übereignen. Wir gehören zusammen.

Aber ich will nicht, dass wir unsere Angst vergessen. Angst kann ein Wegweiser sein. Angst kann Aufbruch bedeuten. Eine große, gemeinsame Anstrengung.

Machen ist wie wünschen, nur krasser.

Mama, hat meine jüngste Tochter letztens gesagt, seit du nicht mehr in der Politik bist, hast du nicht mehr diesen Killerblick. Deine Augen sind jetzt ganz weich.

Ich schaue aus dem Fenster. Ich gehe in den Garten. Noch duftet die Nelke, noch singt die Drossel, noch darf ich lieben und Worte verschenken. Noch bin ich da.

Und ich versuche zu geben, was ich habe. Jetzt, wo ich schon mal nicht tot bin.

Dank

James, den Töchtern, meinen Eltern, meinen Brüdern Alexander und Marcel, Aja, Arndt, Narod, Kerstin, Barbara, Jürgen, Birgit, Vickie, Arnold, Friederike, Jens-Ulrich, Hajo, Alexander, Karen, Nike, Detthard, Ulrike und allen anderen, die mich, uns begleitet haben, gelesen und gemahnt und gelacht. Keiner schrieb für sich allein, dieses Schreibdokument war offen zu sehen, Jekami: Jeder konnte mitmachen, denn jeder hat Angst.

Wir danken auch Julia und Olaf für ihr Vertrauen, sie fragten nie fordernd nach, sie ließen uns machen und hatten Geduld. Edel.

Quellenverzeichnis

1   https://www.tagesspiegel.de/politik/im-alter-von-90-jahren-
    chinas-frueherer-premier-li-peng-gestorben/24690938.html

2   Antonio Damasio: *Wie wir denken, wie wir fühlen. Die Ur-
    sprünge unseres Bewusstseins.* München: Carl Hanser Verlag,
    2021.

3   https://www.bmfsfj.de/bmfsfj/aktuelles/alle-meldungen/
    unabhaengiger-beauftragter-gegen-kindesmissbrauch-im-amt-
    bestaetigt-134842

4   Maybrit Illner (Hg.): *Frauen an die Macht. 21 einflussreiche
    Frauen berichten aus der Wirklichkeit.* München: Diederichs,
    2005.

5   https://www.kantar.com/campaigns/reykjavik-index

6   https://www.kantar.com/campaigns/reykjavik-index

7   https://www.theguardian.com/world/2019/mar/01/more-
    women-in-the-workplace-could-boost-economy-by-35-says-
    christine-lagarde

8   https://www.kantar.com/campaigns/reykjavik-index

9   https://www3.weforum.org/docs/WEF_GGGR_2021.pdf

10 Søren Kierkegaard: *Der Begriff Angst,* [1844]. Ditzingen: Re-
    clam, 1992.

11 https://data.worldbank.org/indicator/SH.STA.MMRT?
    locations=FI-VE&year_high_desc=false

12 https://www.europarl.europa.eu/doceo/document/B-9-
    2021-0587_DE.html

13 https://www.bmj.de/SharedDocs/Gesetzgebungsverfahren/
    Dokumente/BGBl_Schutz_der_sexuellen_Selbstbestimmung.

pdf;jsessionid=CD41E6971120F587BD88C1DD0151D858.
2_cid334?__blob=publicationFile&v=2

14 https://www.undrr.org/gar2022-our-world-risk

15 Derrick Jensen: *Endgame. Zivilisation als Problem*. München: Pendo, 2008.

16 https://www.spiegel.de/wissenschaft/natur/die-duerre-im-suedwesten-der-usa-ist-die-schlimmste-seit-1200-jahren-a-59e0404e-3dac-468c-9f17-1d5b03d04aa9

17 https://www.rnd.de/wissen/us-forschende-meeresspiegel-steigt-stark-und-40-prozent-der-amerikaner-leben-an-der-kueste-XMJRBEJWART2BRSJO3SHKK74ZQ.html

18 https://www.dw.com/de/rotes-kreuz-klimawandel-gef%C3%A4hrlicher-als-corona/a-55624936

19 https://www.unhcr.org/dach/de/46921-dramatischer-anstieg-weltweit-rekordwert-bei-menschen-auf-der-flucht.html

20 https://twitter.com/unhcr_ch/status/1502191025896493056

21 https://www.bpb.de/kurz-knapp/hintergrund-aktuell/340854/vor-80-jahren-massaker-von-babyn-jar/

22 Maybrit Illner & Hajo Schumacher: *Schmierfinken. Politiker über Journalisten*. München: Heyne, 2009.

23 Dr. Leon Windscheid: *Besser fühlen*. Hamburg: Rowohlt, 2021.

24 https://www.welt.de/print-welt/article398871/Suechtig-nach-Politik-Horst-Seehofer-kehrt-zurueck-auf-die-Buehne.html

25 https://taz.de/Der-sentimentale-Sozialist/!1096364/

26 Erhard Eppler: *Komplettes Stückwerk*. Frankfurt a. M.: Insel, 1996.

27 Viktor Frankl: *... trotzdem Ja zum Leben sagen. Ein Psychologe erlebt das Konzentrationslager*. München: Penguin Verlag, 2018.

28 Jürgen Leinemann: *Höhenrausch. Die wirklichkeitsleere Welt der Politiker*. München: Karl Blessing Verlag, 2004.

29 https://www.business-humanrights.org/de/neuste-meldungen/
    neue-weltbank-studie-nur-sechs-staaten-weltweit-garantieren-
    gesetzliche-gleichstellung-von-frauen-m%C3%A4nnern/
30 https://www.spiegel.de/wissenschaft/natur/epigenetik-maeuse-
    vererben-schlechte-erinnerungen-a-936692.html

Eden Books
Ein Verlag der Edel Verlagsgruppe
Copyright © 2022 Edel Verlagsgruppe GmbH, Neumühlen 17, 22763 Hamburg
www.edenbooks.de
1. Auflage 2022

Einige der Personen im Text sind aus Gründen des Persönlichkeitsschutzes anonymisiert.

Lektorat: Jürgen Abel
Korrektorat: Rotkel. Die Textwerkstatt
Layout und Satz: Datagrafix GSP GmbH, Berlin | www.datagrafix.com
Druck und Bindung: GGP Media GmbH, Pößneck
ISBN 978-3-95910-381-7

Gedicht S. 9: Rose Ausländer. Noch bist du da. Aus: dies., *Ich höre das Herz des Oleanders. Gedichte 1977-1979*. © S. Fischer Verlag GmbH, Frankfurt am Main 1984.

Printed in Germany

Eden Books unterstützt bei der Produktion dieses Buches das Projekt »Junge Riesen für die nächsten 100 Jahre«. Damit wird ein Anteil der unvermeidbaren CO_2-Emissionen im direkten Umfeld des Produktionsstandortes kompensiert.

MIX
Papier aus verantwortungsvollen Quellen
FSC® C014496